10岁开始学古文

成长篇

李倩 著

中信出版集团 | 北京

图书在版编目（CIP）数据

10 岁开始学古文 . 成长篇 / 李倩著 . -- 北京 : 中信出版社 , 2023.11（2025.10重印）
ISBN 978-7-5217-5338-7

Ⅰ . ① 1… Ⅱ . ①李… Ⅲ . ①文言文 - 小学 - 教学参考资料 Ⅳ . ① G624.203

中国国家版本馆 CIP 数据核字（2023）第 028825 号

10 岁开始学古文（成长篇）

著　　者：李倩
出版发行：中信出版集团股份有限公司
（北京市朝阳区东三环北路27号嘉铭中心　邮编　100020）
承 印 者：北京启航东方印刷有限公司

开　　本：787mm × 1092mm　1/16　　印　　张：14.5　　字　　数：170千字
版　　次：2023年11月第1版　　印　　次：2025年10月第7次印刷
书　　号：ISBN 978-7-5217-5338-7
定　　价：49.80元

序言

美的剪影

文 / 林特特

李倩是我的编辑，我们因工作结识，工作完成后，顺理成章成为朋友。

我们认识不久，我便从北京迁往上海，每次回京，只要有空，我都会和李倩约约，我们的“节目”包括但不限于——

在她朝南的客厅，享受阳光。

与她的邻人、朋友共享她亲手烹制的美食。有一次，竟然还每人领到一份李倩用隽永小楷写在洒金笺上的菜单。

第一场雪后，在皇城根下某老字号，吃铜锅涮羊肉。

在红领巾公园，对着茫茫芦苇荡，感受晚风荡漾。

在博物馆，前前前……朝出土的兵器，令我们长长叹息：“折戟沉沙铁未销，自将磨洗认前朝。”

一天晚上，我们绕着朱红宫墙，散了一圈又一圈步，空中悬着一枚冷月，远远听见桥上有人在吹箫。

…………

总之，和李倩有关的片段都是美的，符合中式审美的。

李倩在“少年得到”App上，做了两季文言文课。课程一上线，我便跟着孩子一集不落地听完，之后，还重温好几遍。

坦白地说，李倩所解的古文，我并不陌生，但通过她的整理、策划、提炼和解析，我看出了新意。一篇篇古文只是她的素材，经过重新组装，成为以文言文为切口、徐徐展开的一幅关于中国文化和历史的瑰丽画卷，千里江山、千古风流人物，尽在其中。

画卷中，一个又一个美丽的剪影，在我眼前，挥之不去。

比如，一千一百年前，吴越国的夫人吴氏。春天，她握着夫君写给她的短笺，走在开满野花的小道上，心情愉悦，步伐从容。

她的丈夫钱镠是吴越国君，日理万机，忽然想起远归娘家的夫人，心生思念，写下九字情书：“陌上花开，可缓缓归矣。”九个字背后，是钱镠的深情、体贴和浪漫。

“‘缓缓归’一句，表明钱镠既想夫人快点回来，又很尊重她，不好意思催，还很体贴她，提醒她看风景。九个字，就把这种矛盾的心理全写出来了。”

这是李倩的体贴。

为什么说“陌上花开，可缓缓归矣”最能代表中国人的感情？因为它又含蓄又热烈。

它说的是，田间小路上的花都开了，你可以慢慢回来了。钱镠说的不只是路上的花开了，他还有一句自己的希望：你可以慢慢回来了。虽然他很想念夫人，但他说的是，你慢慢走啊。潜台词是，你可以看看路边的花。

这是李倩带我们看到的，属于中国人的深情和浪漫。

又比如，两千多年前，易水河边，“就车而去，终已不顾”的荆轲。他的剪影，慷慨，决绝，自带萧瑟。

在李倩对《史记》中关于荆轲文字的解读中，她描摹了荆轲辞别众人时的悲壮画面。

刺客荆轲，本着“士为知己者死”的信仰，背负燕太子丹的重托，带着匕首和随从，远赴秦国，刺杀秦王嬴政。荆轲在易水边，唱了一首歌，唱得悲凉婉转、调子低回，唱到“风萧萧兮易水寒，壮士一去兮不复还”，荆轲的声音变得激昂。

李倩抓住两个细节：其一，送行的人都很受震动，“发尽上指冠”，意为“头发都竖起来顶起了帽子”，她解释：“你大概也有这样的感觉——特别感动的时候，热血上头，也会觉得头皮发麻，像是头发都竖起来了一样。”其二，“荆轲就车而去，终已不顾”。李倩表示：“在我们的日常生活中，一般的送别，如果依依不舍，离开的人总会频频回头，但荆轲慷慨赴死的决心很大，他横下心来，再也不回头看朋友们一眼。”

至于荆轲为什么让人感动，李倩分析：“荆轲这个人，大概是中国文化里比较早的侠义之士的形象。也许你看过一些武侠小说，武侠小说里的英雄人物，常常有荆轲这样的担当和气魄，为了完成某个使命，他们能够慷慨赴死。他们不是不珍惜自己的生命，而是觉得，这个世界上有一些事情，值得用生命去捍卫、去保护、去争取。”

是啊，荆轲不是一个成功者，事实上，他出发时，对是否成功毫无胜算，失败的概率大于成功，然而，明知不可为而为之，虽千万人吾往矣的气魄和担当，不正是我们怀念荆轲，仰慕他的理由吗？

以上是来和去的剪影，以下是笑与乐的剪影。

大自然是我们的快乐源泉。

“重阴匝月，如醉如病，朝眠不起，忽闻众鸟毕作弄晴之声。急引手搴帷，推窗视之，日光晶荧，林木如洗。不亦快哉！”

明代才子金圣叹，因为天阴，整个人没精神。忽然听到窗外鸟儿叽叽喳喳的叫声，他推开窗，发现阳光普照，林木如洗，他大喊道：“多么快活啊！”

李倩以此证明，人为什么不能宅在家里。

在李倩展开的画卷中，最令我神往的是一组群像，一群人的模糊剪影，怡然自得、风流婉转。

在聚会主题的板块，李倩选取一千六百多年前王羲之的《兰亭集序》为素材，为案例。

她稍做交代，“兰亭”是一个亭子，位于今天浙江绍兴的会稽山。“集”是集会，当然这次是古代读书人的集会，所以是“雅集”。参加这次聚会的人，包括王羲之，总共有 四十一个人，都是当地很有名的文人、官员，包括后来成为东晋宰相的谢安。

她抓重点，将王羲之笔下聚会之地的美景详细描绘，“此地有崇山峻岭，茂林修竹，又有清流激湍，映带左右，引以为流觞曲水，列坐其次”，即大家在大自然当中。“周围是崇山峻岭，有树林又有竹子，还有溪水，这样的美景，真是让人心旷神怡。”

他们在玩一种游戏，“流觞曲水”，大伙儿坐在弯弯曲曲的小水渠边，把酒杯放进水里，杯子顺流而下，漂到谁跟前，谁就拿起来喝酒。而且，还要边喝酒边作诗。

王羲之在文中说：“是日也，天朗气清，惠风和畅。仰观宇宙之大，俯察品类之盛，所以游目骋怀，足以极视听之娱，信可乐也。”李倩总结，古人开派对，为什么要选在露天？因为跟大自然挨得近，抬头很容易看到宇宙的浩瀚寥廓，低头也随处可见世间万物。在大自然里，人的心情就会变得轻松愉快。

“这也是中国古人的生活智慧，把宴饮雅集搬到大自然中去。现代心理学曾有过观察实验，发现人在大自然里，更容易心情愉悦。出去旅行，你也许遇到过这样的场景：屋子里明明有座位，可大家就是更喜欢在露天座位上，一边吃喝，一边欣赏风景和来来往往的人。阳光明媚的时候，也总有人在草地上野餐。在室外吃吃喝喝，哪怕只是吃一个汉堡，喝一杯咖啡，人也会觉得很幸福，这就是天然之美给人带来的幸福感。

“下一次，不管这一天的天气是阳光和煦还是微风细雨，这一天是过节还是普通的一天，你都可以出门，到大自然中，到阳光里、细雨中，用心体会一下这天然之美。”

听到这儿，我忽然想穿越回古代，去那条弯弯曲曲的水边，做一个奉酒的使女赶上那场盛会。

当然，我也忽然明白，为什么每年春天，李倩总要邀上二三友人在京郊的公园有水有花处，看花瓣飘落在流水中，吹着风，打开野餐篮了——那是对她所欣赏的古人的生活方式的一种遥祝、呼应、践行。

类似的人物、细节、智慧、风景，在李倩的这套书中比比皆是。

你会发现，在古代中国人的生活中，吃饭是学问，喝酒是学问，独处是学问，社交是学问，送礼是学问。

四季更迭值得体验，人在自然中值得歌颂，聚值得珍惜，散值得珍重。

李倩笔下的古文，不只是一篇篇文章，一个个故事，一桩桩典故……还是壮阔画卷中呈现出的一帧帧美的剪影，教你拥有一双慧眼，一颗灵心。

传道者必先践行自己的道。能践行道，再去传道的人，道才可信。

在生活中，李倩也坚持中式审美，她曾戏填过一首《天净沙》：“暖炉明灯沙发，矮桌曲奇红茶，陋室偏厅小画。闲书一架，铲屎官换猫砂。”

这是她真实的生活写照，闲适、优雅。她在课堂中，文字中，传递、传授它们，听的人，读的人，方能精准接收，发扬光大。

说个送礼的段子吧！

有一年春天，我收到一份礼物，李倩送的，是一箱芬芳红润的桃。她认领了一棵桃树，桃树上挂着她的名牌，桃子丰收后，被她分送给诸位亲朋好友。这份礼物，别致，特殊，贴心，绝无仅有。

我拿了一个桃递给孩子，我说，这是李倩阿姨送的，产量有限，非常珍贵。孩子第一反应是：“有限？珍贵？”“是‘奉橘三百枚，霜未降，未可多得’那种珍贵吗？”他捧着桃子，奶声奶气，自然而然说出一句古文的样子，让我心中一动。而王羲之送友人的“奉橘三百枚，霜未降，未可多得”的典故，正是李倩的古文课中，用于证明为何土特产特别受人欢迎的案例。孩子听过，便记住了，还能熟练运用。

陌上花开，缓缓归矣的少妇剪影；慷慨悲歌，绝不回头，壮士的剪影；开窗对日，树梢鸟鸣，才子大喊痛快的剪影；曲水流觞，文人雅客怡然自得的剪影；暖炉明灯沙发边现代仕女的剪影；稚气小儿捧着水果吟诵古句的剪影……重重叠叠，直至重合。

我想，这就是学习传统文化的最佳方式吧，知晓、消化、领略、传承、自然流露。

是传递，也是延续。

前言

怎么才能交到真正的朋友？

有兄弟姐妹好不好？

人为什么要工作？

老实人会不会吃亏？

…………

如果你曾经想过这些问题，哪怕还没有答案，我也要恭喜你。说明你是一个很善于独立思考的人。

其实，这样的问题，不仅今天的我们会有，中国古人也会有。甚至有些问题，从有人类文明开始，就已经在那里了。

比如，三国时期，有个叫管宁的人，他跟他的朋友在菜园子里锄菜的时候，突然发现了一片金子。他的朋友就把金子捡起来，扔到一边儿去了。

又有一回，他们俩一起读书的时候，外边有一行华丽的车队经过，管宁就只管读书，他的朋友忍不住跑出去看热闹了。

你猜怎么着？就因为这两件事，管宁不干了，直接跟朋友断交了。

这是出现在《世说新语》里的一个小故事，说的就是友谊和价值观冲突的问题。

这个世界，有的人几乎没有朋友，有的人朋友遍天下，也有的人像管宁一样，对朋友的要求特别高，精挑细选着自己的朋友。你更喜欢哪一种方式呢？

通过这本书，我将带你一起领略古文中的哲学智慧，帮助你从中收获成长的力量，得到生活的启迪，成长为一个更有深度的人。比如，古人是怎么处理人际关系的？又是怎么认识世界的？……这些问题，也是你现在常常会遇到的问题。

寻找答案，比答案本身更重要。

事先声明，这样的问题，可不见得有标准答案。那么，我们为什么要浪费时间，思考这些没有标准答案的问题？

今天遇到一个不懂的问题，你会不会上网搜答案？如果你已经掌握了这项技能，恭喜你，你已经掌握了一种非常厉害的学习方法。

但是，你可能已经发现了，在网上最容易找到的，是下面这些问题的答案，比如"水是由什么元素构成的？""水多少度沸腾？""南非的首都在哪儿？""太阳距离地球有多远？"……

但还有一些问题，网上有完全相反的答案，比如"什么样的工作是好工作？""大城市好还是小乡镇好？"……这类问题就需要你自己判断。还有一些问题，就像我们前面提到的那些，答案简直五花八门。

一个人在成长过程中所要面对的，不光是那些有确定答案的问题，更多的是那些没有标准答案的问题。今天，人工智能比我们拥有更多的答案，还回答得更快，那人的优势在哪里？

提出问题，比寻找答案更重要。

我觉得，人的优势在于——提出问题的能力，理解意义和情感的能力，进行复杂思考的能力。这些能力，是在人漫长的进化过程中，在几千年人类文明的积累中逐步形成的，培养这些能力，我们就不能不借鉴古人的哲学智慧。

所以，在这本书里，我围绕一个人的成长主题，精挑细选了几十篇古文。我会从你自己、你的学习生活、你身边的人际关系讲起，慢慢进阶到随着人的成长，扩展至自然和社会的问题。比如，美有没有固定的标准？幸福是一种什么感觉？甚至，我还会与你探讨死亡和生命的意义。

别看这些问题的主题有点抽象，但背后的故事却很生动。开始思考与讨论这样的问题，意味着一个孩子往成人世界又迈近了一大步。

当然，在学习故事的过程中，你会顺带掌握很多文言文的常用字词和语法，重点、难点、考点也都能轻松拿下。

如果有一天，你遇到世界各地同龄的孩子，谈起关于公平、正义、幸福这样一些有深度的话题，当他们说亚里士多德怎么说，康德怎么说，黑格尔怎么说，你也可以告诉他们，我们中国的孔子怎么说，庄子怎么说，韩非子怎么说……

当然，有了这样的知识储备，你以后在演讲、辩论、写作文的时候，自然也能信手拈来，引经据典。

古希腊哲学家苏格拉底曾经说过一句话：“未经审视的生活是不值得过的。”而我们的《论语》里则说：“吾日三省吾身。”

这一次，让我们一起站在前人的肩膀上，继续自己的思考。我会带你一起学习经典，思考人生，不断成长。我希望，这本书不仅可以帮助你学习古文、应对考试，还能成为你学到的最不枯燥的古文课、最有用的哲学课。

目录

第一章·人伦

第二章·自我

第六章·美德

第七章·价值

第八章·终极追问

中国人是从理解父母、兄弟、朋友起步，

建立对他人的基本认知。

第一章·人伦

1

怎么才能交到真正的朋友？

“人伦”即人与人之间的关系，它既包括有血缘关系的家人之间的关系，也包括没有血缘关系的朋友、同学之间的关系。

好朋友一般说的是没有血缘关系却很亲近的人。为什么要从朋友讲起？因为你现在的这个人生阶段，朋友对你的影响已经非常大了。你有没有好朋友？你交好朋友的标准是什么？

《论语》一则

子曰："君子不重[1]则不威，学则不固[2]。主[3]忠信。无友不如己者。过则勿惮[4]改。"

①重：庄重。　②固：稳固。　③主：注重。　④惮：害怕。

孔子说："君子如果不庄重，就没有威严，即使读书，所学的知识也不会稳固。做人重要的是忠诚、守信用。不和不如自己的人做朋友。有了过错就不要怕改正。"

古文今读

关于交朋友，孔子是这样说的：不要跟不如自己的人交朋友。这个说法听上去很有道理，谁都想跟更优秀的人做朋友。但它存在一个漏洞：不跟比自己差的人做朋友，如果每个人都这么想，谁还能交到朋友呢？那个比你厉害的人，也不会想跟你做朋友。

曾经有这样一个笑话，有个特别聪明的小孩，竟然解决了这个矛盾。我们就叫这个小孩小明吧。小明的妈妈跟他说："你不要跟小强玩，他太淘气了！"小明说："嗯，知道了妈妈。我是好孩子，对吗？"妈妈回答说："是的，你是个好孩子。"小明高兴极了，接着说："所以说，小强可以跟我玩了，对吗？"

这当然是个笑话，不过，我们可以回想一下，你最初跟好朋友是怎么熟悉亲近起来的？因为他学习比你好？还是因为他跑步比你快？我猜都不是。周围那么多人，为什么你们俩成了好朋友，就是因为有某个特别相近的地方，或者共同喜欢的东西，你们在一起特别有的聊。

关于到底什么叫朋友，中国古代有一部叫《礼记》的典籍说得特别好："同门曰朋，同志曰友。"

这里把"朋"跟"友"做了区分。"同门"就是一起学习，"朋"的意思就是同学，而"友"是有共同志趣爱好的人。

古人关于朋友的定义，首先强调的是"同"，即共同点。比如，我的一个好朋友，第一次到我家的时候，看到我书架上有很多书是她也有的，她心里就觉得：这个人应该能跟我做朋友。到现在，我们已经是二十年的朋友了，她还把这个细节写进了她的小说里。

这说明，一个人的兴趣爱好多，就更容易找到与自己有共同点的人，并有机会跟他成为好朋友。这样做，你就解决了孔子说的那个“无友不如己者”的问题。没有人能在所有方面超过别人，所以你总会有什么地方比朋友强，吸引别人从你这里有所收获。

人没有朋友行不行？对大多数人来说，可能不行。这不是由你的意志决定的，而是由人的生物本能决定的。跟朋友在一起的时候，身体会释放出能让我们身心愉快的激素，这就是你喜欢跟朋友一起学习、一起玩的原因。因为我们人类是喜欢社交的灵长类动物。

今天，我们已经不像古人那样区分“朋”和“友”了，但“无友不如己者”的“友”不一样，它是个动词，意思是“交朋友”。

名词表示事物，动词表示动作，你肯定能理解。但在古代汉语里，名词和动词的界限没有那么明确，很多时候，名词可以临时转化为动词。

那么，如何分辨名词用作动词了呢？

我教你个秘诀。你先看平时的一般情况，比如我们说“吃饭”“喝水”，“饭”和“水”这些名词，跟在“吃”“喝”这种动词后面。但是，一旦你发现在一个名词后面，还接着一个名词，那很可能，这里就有词类活用。

比如“无友不如己者”这一句，“不如己者”可以看作是一个名词，“者”能够表示“什么什么的人”。“不如己者”就是“不如自己的人”，相当于一个名词，它跟在“友”这个字后面，两个名词凑到一起了，你就要提醒一下自己：这可能是词类活用！“友”就不再是名词“朋友”，而是动词“交朋友”。

跟朋友在一起很快乐，可人不能只被表面的快乐牵着走。有共同兴趣爱好的人其实有很多，我们不可能跟每个人都成为朋友。那怎么选择朋友呢？《论语》里还记录了孔子的一段话，我们一起来学习。

《论语》一则

子曰："益①者三友，损②者三友。友直③，友谅④，友多闻，益矣。友便辟，友善柔，友便佞，损矣。"

①益：好处。 ②损：害处。 ③直：正直的。 ④谅：诚信的。

孔子说："有益的朋友有三种，有害的朋友有三种。跟正直的人、诚信的人、知识广博的人交朋友，是有益的。相反，跟迎合别人的人、表面奉承背后诽谤人的人、花言巧语的人交朋友，是有害的。"

古文今读

在这段文字中，“友”字出现了很多次。“益者三友，损者三友”，这里的“友”是名词。但说到“友直，友谅”，这里的“友”跟我们前面说到的“无友不如己者”中的“友”一样，是个动词，意思是“交朋友”。

我们平常说话，一般都是动词后面加名词，比如吃饭、喝水。而在“友直，友谅”当中，“友”是动词，后面接“直”和“谅”就会有些奇怪。所以这时候，我们就要用“词类活用”的知识来解读这句古文。这里的正直、诚信，都不是指这个形容词本身，而是指“正直的人”“诚信的人”。这是形容词用作了名词，跟在作动词的“友”后面。

在古文中，很多表示事物、动作、性状的词，都不怎么老老实实当名词、动词、形容词，而是会变化词类。这是读古文的一个小难点，也经常作考点。你平常读古文时，如果遇见一个词，按照它常见的词类读不通，就要想一想，这里是不是运用了词类活用？一般来说，只要想想跟它相关的其他词类的意思，就很容易读通了。

因此，“直”“谅”“多闻”这三个词，指的分别是正直的人、诚信的人、知识广博的人，这是三种对人生有益的朋友。这个择友标准，我今天都觉得很受益。

美国有个商业哲学家叫吉姆·罗恩，他说过一句话：“你是跟你相处时间最多的五个人的平均值。”从这个角度来说，看一个人交什么样的朋友，也就能看清楚他是个怎么样的人。

也许你有过这样的体会。有些人曾经与你交往很密切，但突然有一天，因为某件事情，你就不想跟他做朋友了，甚至还会断绝朋友关系，再也不来往了。

《世说新语》里就有一个跟朋友断交的故事。我们一起来读一读。

割席断交 《世说新语》

管宁、华歆共园中锄菜。见地有片金，管挥锄与瓦石不异，华捉而掷①去之。

又尝②同席读书，有乘轩冕过门者，宁读如故③，歆废④书出看。宁割席分坐，曰："子非吾友也。"

①掷：投，扔。 ②尝：曾经。 ③故：原来。 ④废：放下。

管宁、华歆一起在园子里锄菜，看见地上有片金子，管宁继续挥着锄头，就当它跟石头、瓦片没有差别，华歆却把金子捡起来又扔到一边。

他俩又曾经坐在同一张席子上读书，有乘坐着华丽车子的人从门口经过，管宁照旧读书，华歆却扔下书跑出去看。管宁就把席子割成了两半，分开座位，说："你不是我的朋友。"

古文今读

在这个故事当中，管宁和华歆，都是三国时期的人。他们年轻的时候一起读书，成了朋友。成语“割席断交”和“管宁割席”，就是出自这个故事，专门用来指断绝朋友关系。

交朋友没有特定的标准，它是一个很主观的事情。有的人看重这个，有的人看重那个，比如孔子很不喜欢夸夸其谈、不诚实的人，所以，他说的“损者三友”，都是这一类夸夸其谈的人。管宁交朋友的标准跟孔子又不一样，华歆既没杀人，也没放火，只不过是把金片捡起来扔到一边，又没有自己偷偷藏起来，他也只不过是出门看了个热闹，读书不太专心，管宁就不肯跟他做朋友了。管宁交朋友的标准特别高，他的朋友数量应该不会太多。

朋友是我们一生当中非常重要的人际关系，尤其在现代社会，日常打交道的绝大多数是和自己没有血缘关系的人。从兴趣爱好开始彼此吸引，是我们为找到好朋友迈出的第一步，祝你好运！

古汉语常用语法

词类活用：名词作动词

- 无友不如己者

友：交朋友

举一反三

一狼洞其中（《聊斋志异·狼》）

洞：打洞

中通外直，不蔓不枝（《爱莲说》）

蔓：生枝蔓　枝：长枝节

词类活用：形容词作名词

- 友直友谅友多闻

直：正直的人　谅：诚信的人　多闻：知识广博的人

举一反三

温故而知新（《论语·为政》）

新：新的知识、体会与感悟

百废俱兴（《岳阳楼记》）

废：被废置的事情

学以致用

1. 你的朋友多吗？你喜欢和什么样的人交朋友？
2. 你和你的朋友之间发生过什么印象特别深刻的事情吗？说一说吧！

2

做男生好还是做女生好？

世界上有不同的色彩，正是因为这些不一样的色彩，我们看到的世界才如此精彩丰富。性别也是如此，男性和女性都给这个世界带来了不同的美丽。

在中国古代，只有男生能上学，学校里也只有跟他同样性别的男同学、男老师。只有很少的开明家庭，才会教女孩子在家读书识字。那么，女孩子读书到底行不行呢？

咏雪　《世说新语》

谢太傅寒雪日内集①，与儿女讲论文义②。俄而③雪骤，公欣然曰："白雪纷纷何所似？"兄子胡儿曰："撒盐空中差可拟④。"兄女曰："未若柳絮因风起。"公大笑乐。即公大兄无奕女，左将军王凝之妻也。

①**内集：**把家里人聚集在一起。
②**文义：**文章的义理。
③**俄而：**不久，一会儿。
④**差可拟：**大体可以相比。

一个寒冷的大雪天，谢安把家里人聚在一起，跟晚辈谈诗论文。过了一会儿，雪下大了，谢安高兴地问："纷纷扬扬的白雪像什么呢？"他二哥的儿子谢朗说："就跟把盐撒在空中差不多。"大哥的女儿说："不如说像柳絮被风吹得漫天飞舞。"谢安高兴得大笑起来。这个女孩就是谢安大哥谢奕的女儿，后来成为左将军王凝之的妻子。

古文今读

这是《世说新语》里的一个故事。文中的谢太傅，就是东晋著名政治家谢安。他曾在听到淝水之战大胜的消息时，面不改色，谈笑如常，被传为佳话。谢家是当时的名门望族，族中子弟都很有出息。这跟他们良好的家庭教育氛围有很大关系，连大雪天一家人都坐在一起谈诗论文。看到大雪，谢安就给子侄们出了一道题目：纷纷扬扬的白雪像什么呢？于是，晚辈们给出了不同的回答。

谢安二哥的儿子谢朗说："就跟把盐撒在空中差不多。"大哥的女儿说："不如说像柳絮被风吹得漫天飞舞。"

显然，把雪花比作柳絮，比比作盐更有意境，也更贴切。虽然盐和柳絮都是白色的，但你如果见过下雪，就会知道一枚雪花从空中飘落，都是飘飘荡荡的，而如果是撒一勺盐，那盐粒肯定是直溜溜地就下来了。所以从形态上说，柳絮迎风飞舞的样子和雪花更像。

这是中国古代并不多见的才女故事之一。但即使才思高过哥哥，这段古文里最后介绍她的那一句，说的仍然是她是谁的女儿、谁的妻子，连她的名字都没有出现。其实，这个聪敏的女孩子，叫谢道韫。

在中国古代，形容女子有这样一句话，叫"大门不出，二门不迈"，意思是女子很少出门。所以，像谢道韫这样的大家闺秀，能够接受教育就已经很难得了。不过，古代中国有一个更出名的女性，她不但出了门，还远离家乡，到战场上奋勇杀敌，她就是代父从军的花木兰。

南北朝时著名的长篇叙事诗《木兰诗》的最后一段，是关于战争结束后，木兰返家的描述，我们一起来看看。

木兰诗（节选）

爷娘闻女来，出郭[1]相扶将；阿姊闻妹来，当户理红妆[2]；小弟闻姊来，磨刀霍霍向猪羊。开我东阁门，坐我西阁床。脱我战时袍，著[3]我旧时裳。当窗理云鬓，对镜帖[4]花黄。出门看火伴[5]，火伴皆惊忙：同行十二年，不知木兰是女郎。

雄兔脚扑朔[6]，雌兔眼迷离[7]；双兔傍地走，安能辨我是雄雌？

①郭：外城。 ②红妆：指女子的艳丽装束。 ③著：穿。 ④帖：通“贴”。
⑤火伴：军中的同伴。 ⑥扑朔：动弹。 ⑦迷离：眯着眼。

爹娘听说女儿回来了，相互搀扶着出城迎接。姐姐听说妹妹回来了，赶紧在窗前梳妆打扮。小弟听说姐姐回来了，磨刀霍霍忙着杀猪宰羊。木兰打开东边的阁门，坐在西边的床上，脱掉打仗的战袍，穿回旧时的衣裳。她对着窗户梳理鬓发，对着镜子贴上花黄装饰。 换回女子装扮出来看伙伴，伙伴都惊呆了。一起并肩作战十二年，大家竟然不知道木兰是女子。

待着不动的时候，雄兔两只前脚经常扑腾，雌兔两只眼睛经常眯着，很容易分辨。但如果一雄一雌两只兔子一起跑动，怎么能分辨出哪只是雄，哪只是雌呢？

古文今读

开头几句主要表现的是听闻木兰回家，家人兴奋愉悦的心情。同样是高兴，但男女老少各有各的反应，也各有各的情态。每个人的表现都符合身份，这就比说“大家都很高兴”要生动得多。

在“爷娘闻女来，出郭相扶将”这句诗里，“郭”字其实指的是一个处所。古代的城市为了防御，会在城的外围加筑一道城墙，这就是外城。内城叫城，外城叫郭。

回到这首诗，木兰离家十余年，回家之后都做了什么呢？

开我东阁门，坐我西阁床。脱我战时袍，著我旧时裳。当窗理云鬓，对镜帖花黄。

这几句是用木兰自述的口吻写的：虽然诗歌前面写到木兰在战场上勇敢杀敌，但回到家，她第一时间换回女儿家的衣服，对着镜子化妆。恰恰是这一段描写，跟这首诗前面的“万里赴戎机，关山度若飞。朔气传金柝，寒光照铁衣”形成了鲜明的对比。

战友们看到换回女装的木兰，会是什么反应呢？文中写道：“火伴皆惊忙”。

果然伙伴都惊呆了。一起并肩作战十二年，大家竟然不知道木兰是女子。

读到这里，你可能会有些怀疑，大家一起生活了十几年，女扮男装难道不会被发现吗？也许你更好奇，木兰要怎么上厕所？怎么洗澡？其实，《木兰诗》属于文学创作，文学作品里的夸张和虚构，是可以理解的。

古汉语常用字

•出郭相扶将

外城

郭

举一反三

三里之城，七里之郭，环而攻之而不胜（《孟子·公孙丑下》）

绿树村边合，青山郭外斜（《过故人庄》）

文学常识

扑朔迷离

出处： 北朝乐府民歌《木兰诗》。

释义： 形容事物错综复杂，不容易看清真相。

示例： 这件案子扑朔迷离，让警方无从下手。

学以致用

科幻作家刘慈欣在他的小说《三体》里，描绘过这样一个未来的场景：在未来世界里，男人和女人不再有明显的相貌区分，而是向中间靠拢，人们普遍变得举止轻柔，声音甜美。你觉得这样的未来会到来吗？为什么？说说你的看法吧。

3

有兄弟姐妹好不好？

如果你有兄弟姐妹，可能从小父母就会跟你们说“要互相爱护”。但在中国古代，很多兄弟之间发生的故事不但没那么友爱，甚至还充满血腥。

七步成诗　《世说新语》

文帝尝令东阿王七步中作诗，不成者行大法[1]。应声便为诗曰："煮豆持作羹，漉菽以为汁。萁在釜下燃，豆在釜中泣。本自同根生，相煎何太急？"帝深有惭[2]色。

①大法：指死刑。　②惭：羞愧。

魏文帝曹丕曾经命令东阿王曹植在七步之内作成一首诗，作不出的话，就要处死他。曹植应声便作成了一首诗："煮豆持作羹，漉菽以为汁。萁在釜下燃，豆在釜中泣。本自同根生，相煎何太急？"曹丕听了，深感惭愧。

古文今读

这个故事出自《世说新语》，它是中国古代最出名的笔记小说之一。故事里的两个人是亲兄弟，哥哥是魏文帝曹丕，弟弟是东阿王曹植。而他们的父亲，就是汉末最著名的人物之一——曹操。这个故事，发生在曹操过世之后。

曹植作的这首诗，它还有另外一个版本，你可能背过：

煮豆燃豆萁，豆在釜中泣。本是同根生，相煎何太急。

为什么好好的兄弟俩，哥哥要出这么一个刁钻的题目，想置弟弟于死地呢？

曹植曾经深得曹操的喜爱，几次差点被立为世子。然而最终成为曹操继承人的，还是哥哥曹丕。但在那个时候，曹植因为文学才能，很得当时天下文人的赞赏，成语"才高八斗"说的就是他，意思是天下的才华，他一个人占了十分之八，可见他的才华有多高。这么高的才华和影响力，当然会对哥哥的权力造成威胁，这也是曹丕要对曹植下手的原因。

其实，一个家庭里几个孩子明争暗斗，这种事从古至今就没有停止过。古代帝王之家的孩子争夺权力，富贵人家的孩子争夺财产，贫寒人家的孩子争夺口粮，就是到了今天，孩子们还会争夺父母的注意力和关爱。即便是有血缘关系的兄弟姐妹，也存在竞争关系。

难道兄弟姐妹之间的关系，都这么势同水火吗？当然不是。我们中国还有两个谚语，一个是"打虎亲兄弟，上阵父子兵"，一个是"兄弟齐心，其利断金"，都讲到了兄弟之间的谦让、友爱、团结。《史记》里就有这么一对非常出名的兄弟——伯夷和叔齐。下面我们来读一读他们的故事。

伯夷列传（节选）　　《史记》

伯夷、叔齐，孤竹君之二子也。父欲立叔齐。及父卒[①]，叔齐让伯夷。伯夷曰："父命也。"遂[②]逃去。叔齐亦不肯立而逃之。国人立其中子。于是伯夷、叔齐闻西伯昌善养老："盍往归焉？"……武王已平殷乱，天下宗周，而伯夷、叔齐耻之，义不食周粟，隐于首阳山，采薇而食之。

①卒：死亡。　②遂：于是。

伯夷、叔齐是孤竹君的两个儿子。父亲想把国君之位传给叔齐，父亲去世后，叔齐却要将国君之位让给伯夷。伯夷说："你当国君，这是父亲的命令啊！"然后他就逃走了。叔齐不肯继承君位，也逃走了。国人只好拥立孤竹君的第二个儿子。这时，伯夷、叔齐听说西伯昌能好好地赡养老人，就说："为什么不去投奔他呢？"……周武王推翻了商纣王的暴虐统治之后，天下都归顺了周朝，可是伯夷、叔齐认为这是很耻辱的事情，他们俩坚持忠义，不吃周朝的粮食，隐居在首阳山上，靠采摘野菜充饥。

古文今读

同样是两个儿子，面对父亲去世后谁来继承家业这个问题，伯夷、叔齐的做法，就和前面讲的曹家兄弟完全不一样。这是个兄弟俩谁也不肯登位的故事。

孤竹君是商朝一个小国的国君，有好几个儿子。他想让老三叔齐当国君，但在中国古代，一般由老大继位，所以，弟弟叔齐不愿意当这个国君。但老大伯夷也不肯，因为他觉得要尊重父亲的心愿。按照中国古代的价值观，他们俩的想法都有道理，谁也说服不了谁。结果兄弟俩都跑了，大家只好让他们家老二当国君。

这里有一个特别的句子“盍往归焉？”，意思是：“为什么不去投奔他呢？”我们读古文的时候，只要遇到“盍”字，就说明这是一个反问句。如果要给古文加标点，它后面跟着的一定是问号。“盍”这个字，其实就相当于英语里的 why not（为什么不）。

故事的最后，兄弟俩一起饿死了。“不食周粟”和“首阳采薇”这两个成语，都是出自这个故事，用来形容一个人宁可饿死，也要坚守气节。后世文人不断地写诗文赞扬这两兄弟，就是因为他们既彼此谦让，又坚守气节。

听完了伯夷和叔齐的故事，不知你有没有注意一个细节：《史记》的原文里并没有说伯夷和叔齐谁是哥哥，谁是弟弟，也没说谁是老大，谁是老三。那我们是怎么知道的呢？密码就藏在他们的名字里，那就是伯夷的“伯”与叔齐的“叔”这两个字。

如果你经常读古文，就会发现这两个字经常出现在名字里。准确地说，不是“伯”跟“叔”，而是“伯”“仲”“叔”“季”这四个字。

这四个字排列起来，分别表示老大、老二、老三和老幺。伯夷是老大，叔齐是老三，他们俩谁都不肯继承君位，所以原文中说“国人立其中子”，就是说他家老二被拥立当了国君。孤竹君应该有三个儿子，所以老二被叫作“中子”。

伯夷、叔齐生活在商朝末期，距离今天超过三千年。中国文化在那个时候，就特别讲究长幼有序，所以才会在人的名字里，特别清楚地标记兄弟的排行。传统观念里，先出生的孩子更受重视，更有地位，商朝就出现了长子继承制，由最年长的儿子继承父亲的地位、财产等等。而英语中不要说排行，甚至连哥哥、弟弟都不太区分，一般只说brother，这种中西方的文化差异很有意思。

伯夷、叔齐互相谦让君位，这种事在历史上确实很少见，所以他们的故事才被传扬了三千年。不过，兄弟之间团结友爱的故事，在历史记载、文学作品里却层出不穷。兄弟之间什么时候会互相支持呢？一般是需要一致对外的时候。不知道你有没有发现，今天的兄弟姐妹，在家也会打架、吵架、争东西，不过一旦出去玩，要面对别人家的孩子，他们一下子就团结起来了。

兄弟姐妹之间，既有像曹丕、曹植那样的竞争关系，也有像伯夷、叔齐那样的合作关系。竞争让每个人都得以发挥能力，合作让人获得帮助和力量。从这个意义上来说，没有兄弟姐妹的人，是有一点缺憾的。

不过，《论语》里也有这样一句话：“四海之内，皆兄弟也。”在现代社会，一个善于跟别人协作的人，能够在四海之内，像对待兄弟一样对待别人，自然也能获得别人回馈给你的兄弟一般的帮助。

古汉语常用字

- **文帝尝令东阿王七步中作诗**

尝：曾经

尝

举一反三

尝射于家圃（《卖油翁》）

尝贻余核舟一，盖大苏泛赤壁云（《核舟记》）

予尝求古仁人之心，或异二者之为（《岳阳楼记》）

- **伯夷、叔齐闻西伯昌善养老**

闻：听说

闻

举一反三

噫！菊之爱，陶后鲜有闻（《爱莲说》）

军中闻将军令，不闻天子之诏（《史记·绛侯周勃世家》）

文学常识

不食周粟

出处：《史记 · 伯夷列传》

释义：伯夷、叔齐宁可饿死也不吃周朝的粮食，后用来形容坚守气节。

示例：这四年里，我受了多少苦，完全是为了不食周粟！

伯仲叔季

兄弟排行的次序。伯是老大，仲是第二，叔是第三，季是最小的。

示例：孙坚长子孙策，字伯符；次子孙权，字仲谋；三子孙翊，字叔弼；四子孙匡，字季佐。

学以致用

你和你的兄弟姐妹之间有竞争吗？当你们起了冲突，是会自己解决，还是会去父母那里评理？如果你是独生子女，你想不想有兄弟姐妹？为什么？

4

为什么父母总是管着你？

你和父母之间的关系，很可能是你一生中维持得最长久的人际关系。父母和子女之间应该怎样相处呢？父母对孩子的爱越多越好吗？不一定。记载春秋历史的史书《左传》一开篇，就记述了一个溺爱孩子的母亲。

郑伯克段于鄢（节选）

《左传》

庄公寤生[①]，惊姜氏，故名曰“寤生”，遂恶[②]之。爱共叔段，欲立之，亟[③]请于武公，公弗许[④]。及庄公即位，为之请制。

①寤生：寤，读 wù，难产，生产时胎儿脚部先出来。 ②恶：讨厌，憎恨。
③亟：读 qì，屡次。 ④弗许：不许。

郑庄公出生时难产，母亲武姜受到惊吓，因此给他取名为“寤生”，很厌恶他。武姜偏爱小儿子共叔段，想立共叔段为太子，多次向郑武公请求，郑武公都不答应。到郑庄公即位的时候，武姜就替共叔段请求将他分封到制邑。

古文今读

这是一个发生在春秋时期的郑国的故事。郑庄公出生的时候难产，使他妈妈姜氏受到了惊吓。于是，妈妈就不喜欢他了。“寤生”就是指婴儿出生的时候脚先出来，而不是头先出来，这对孩子和妈妈都很危险。

“惊”，这里使用了文言文里的一种特殊用法——“使动用法”。“惊姜氏”就是“使姜氏惊”。“惊”这个动作，不是姜氏主动发出的，而是郑庄公使她有这样的感受。“惊天地，泣鬼神”中的“惊”也是典型的使动用法，意思是“使天地震惊，使鬼神哭泣”。如何判断一个动词是不是使动用法？像“惊”“泣”这种动词，原本后面是不能直接接宾语的，当它突然接了宾语“天地”“鬼神”，这就很可能是使动用法，因此我们要注意看动词是否可以接宾语，以此来进行判断。

妈妈姜氏不喜欢郑庄公，那会怎么样呢？

原来，姜氏偏爱郑庄公的弟弟共叔段，“欲立之”。爱到什么程度呢？不惜为他违反传统和规矩。“立”后面跟着“之”，指代共叔段这个人，这个“立”特指古代帝王家的继承制度，意思是“立这个人当太子”。中国古代传统是长子继承制，这种继承方式，可以免去很多祸起萧墙的悲剧。但是，这个故事里，妈妈姜氏要求立小儿子做太子，可见她的偏爱程度。

姜氏是国君夫人，她没法自己立太子，于是三番五次向共叔段的父亲，也就是老国君郑武公请求，郑武公都不答应。“亟”是“多次、屡次”的意思。“弗许”就是“不允许”，“弗”在古文里表示否定，很常见。

武公不答应，姜氏一计不成，又生一计，等到大儿子继位以后，就向郑庄公请求把“制”这个地方封给共叔段。

姜氏爱小儿子共叔段，恨不得把一切好东西都给他。但这样的爱，最后却害了共叔段。庄公说“制”这个地方太险要，另外封了一块地方给弟弟。后来共叔段准备联合母亲姜氏发动叛乱，被郑庄公发现，最后逃到一个小地方去了。母亲的偏心溺爱，不但引发了兄弟纷争，还引起了战争和国家动荡。

溺爱当然不好，那我们反过来想，父母狠心严格管束孩子是好事吗？这种情况或许我们都常常遇到，有时候孩子也挺头疼父母的，因为父母不许孩子做这做那，不许挑食，不许打游戏，不许看电视，不许跟朋友出去玩……如果孩子反抗，父母多半会说“这都是为了你好”。他们说得对不对？父母真正爱子女的方式到底是什么？

下面这个故事，发生在比郑伯克段于鄢的故事晚几百年的战国时期，故事里一个叫触龙的老父亲给了这个问题一个最佳答案。这个答案，直到今天仍然很有参考价值。这句话只有十一个字：“父母之爱子，则为之计深远”。怎么理解呢？我们先看看故事的来龙去脉。

触龙说赵太后（节选）

《战国策》

太后曰："丈夫亦爱怜其少子乎？"对曰："甚于妇人。"太后笑曰："妇人异甚！"对曰："老臣窃①以为媪②之爱燕后贤于长安君。"曰："君过③矣！不若长安君之甚。"左师公曰："父母之爱子，则为之计④深远……"

①窃：谦辞，指私下。　②媪：读 ǎo，对年老妇女的尊称。
③过：错。　④计：谋划，打算。

赵太后说："你们男人也疼爱小儿子吗？"触龙说："比妇人还厉害。"太后笑着说："妇人更厉害。"触龙回答说："我私下认为，您疼爱燕后，超过了疼爱长安君。"太后说："您错了！没有像疼爱长安君那样。"触龙说："父母疼爱孩子，就会为他做长远打算……"

古文今读

战国时期，各个诸侯国间不断发生战争。这个故事里赵国的君主去世了，但是他的儿子还太小，不能独立执政，所以，母亲赵太后就暂时执掌整个国家。趁着这样的局面，秦国就加紧进攻赵国。

不同的诸侯国也会结成盟友，一个国被攻击了，盟国就要出手相救。但出兵打仗不是小事，怎么才能建立起彼此的信任呢？人们想了个办法：把国君的儿子送去盟国作为人质。所以，当赵国向齐国求救的时候，齐国就让赵太后的小儿子长安君去齐国当人质，这样才肯出兵。

赵太后是长安君的母亲，她可舍不得让儿子做人质，怎么也不同意。大臣们谁劝也没用。可国家危急，这时候赵国一位老臣站出来了，决定说服赵太后，他就是左师触龙。触龙很聪明，他知道太后正在气头上，不能直接提让长安君当人质的事，于是他兜了个圈子，假装来求太后办事，给自己家孩子找个工作。这么一来，他就很自然地把话题拉到了子女身上，于是就有了我们看到的这一段对话。

太后曰："丈夫亦爱怜其少子乎？"对曰："甚于妇人。"太后笑曰："妇人异甚！"

这一段真的不像太后跟臣子的对话，更像两个疼爱孩子的父母拉家常，还比较起来是爸爸更疼孩子，还是妈妈更疼孩子了。触龙为什么这么做？其实这是他设计好的。接下来，他自然而然地就把话题绕到了长安君身上。

对曰："老臣窃以为媪之爱燕后贤于长安君。"曰："君过矣！不若长安君之甚。"

这两段对话里，两次出现了比较句："甚于妇人"和"媪之爱燕后贤于长安君”。前一句说男人爱孩子比女人还厉害，后一句说赵太后爱女儿比儿子更多。

“比较”是各种语言里都有的概念和表达。

古文的比较句跟今天很不一样。首先是表示比较的词不一样，今天我们一听到“比”字，就知道是比较句。而在古文里，表示比较的字是“于”。

另一个不同是句子的顺序，我们今天说“我比你高”，古人会说“我高于你”。用来比较的事项，比如“高”“大”，不是放在最后，而是放在“于”前面。

关于赵太后到底更爱哪个孩子这件事，触龙和赵太后的意见不一致，按说当事人赵太后应该更有发言权。其实触龙绕了这么大个圈子，并不是为了比较太后更爱哪个孩子，而是为了讨论怎样做才是父母真正对孩子好。他一下子说出了父母爱子女的核心：“父母之爱子，则为之计深远。”他为什么觉得太后更爱女儿而不是儿子？因为在他看来，不许长安君去做人质，把他留在身边照顾和保护，只是表面的爱。但是，宁可忍受分离的痛苦，也要让燕后留在丈夫家，有子孙相继为王，这才是帝王之家对孩子长久的爱。

话说到这儿，后面的事情就好办了，触龙分析了送长安君去做人质的好处：让他有机会为国家建立功业。就这样，触龙很顺利地说服了赵太后，长安君去做了人质，齐国也出兵救了赵国。

父母对孩子的爱，不是有求必应的溺爱，也不应是严加管束的责罚，而是一切为孩子的长远利益打算。不光要让孩子吃饱穿暖，还要给孩子培养情感满足，帮助孩子塑造人格，更要教育引导，规划未来，使其将来能在社会中立足。这才是最伟大无私的爱。

古汉语常用字

●公弗许

不

弗

举一反三

虽有嘉肴，弗食，不知其旨也（《礼记·学记》）

得之则生，弗得则死（《孟子·告子上》）

手指不可屈伸，弗之怠（《送东阳马生序》）

●妇人异甚

很，非常

甚

举一反三

渔人甚异之，复前行（《桃花源记》）

大王加惠，以大易小，甚善（《唐雎不辱使命》）

君美甚，徐公何能及君也？（《邹忌讽齐王纳谏》）

古汉语常用语法

使动用法

• **惊**姜氏

使……惊

举一反三

国人道之，闻之于宋君（《吕氏春秋·察传》）

使……听说

无案牍之劳形（《陋室铭》）

使……劳累

特殊句式：比较句

• **老臣窃以为媪之爱燕后贤于长安君。**

老夫人您爱燕后比爱长安君还要多。

举一反三

况才之过于余者乎？（《送东阳马生序》）

更何况才能超过我的人呢？

皆以美于徐公。（《邹忌讽齐王纳谏》）

（他们）都认为我比徐公美。

学以致用

父母对子女最好的爱，是为子女做长远打算。说一说，在你眼中，什么是子女对父母最好的爱？

做你自己吧，

因为别人已经有人做了。

第二章·自我

5

对身材相貌不自信怎么办？

你有没有经常对着镜子打量自己，为自己的相貌而焦虑。太胖了，太瘦了，太黑了，太白了，额头上又冒了个痘痘……这些都可能意味着你对自己的相貌没那么自信。其实，古代也有人对自己的相貌不自信，比如汉末叱咤风云的厉害角色曹操，位高权重，竟然也会因为相貌而自卑。这是怎么回事儿？

魏武见使

《世说新语》

魏武将见匈奴使。自以形陋，不足雄①远国，使崔季珪②代，帝自捉③刀立床头。既毕，令间谍问曰："魏王何如？"匈奴使答曰："魏王雅望非常，然床头捉刀人，此乃英雄也。"魏武闻之，追杀此使。

①雄：称雄，这里指慑服。
②崔季珪：珪，读 guī。指崔琰，字季珪。传说他相貌清朗而威重。
③捉：持，握。

魏武帝曹操将要接见匈奴的使者。他认为自己相貌丑陋，不足以慑服远方的国度，于是派崔琰（字季珪）代替他接见使者，自己则拿着刀站在坐榻边。等到接见完毕，曹操派密探去问那个使者："你觉得魏王怎么样？"匈奴使者答道："魏王儒雅的风采非同一般，然而在坐榻旁持刀的那个人，才是真正的英雄啊！"曹操听后，就派人去追杀这个使者。

古文今读

这个故事发生在曹操统一北方之后，那时候，曹操名声大振，北方的少数民族部落也纷纷归附，匈奴就是其中的一个游牧民族，他们派了使者来见曹操。

曹操自然不能因为自己的颜值而丢了国家的面子。所以，他让崔琰代替自己接见使者。

现代人对自己相貌不满意，可能会化妆，甚至可能整容。曹操觉得自己丑，接见外宾，竟然找了个替身。这会不会露馅儿？

古代跟我们今天不太一样。古代没有照相技术，匈奴人根本不知道这个刚刚统一北方的中原霸主长什么样，所以曹操才敢叫人代替自己。

也许你会感到奇怪，明明被使者夸奖了，心里应该美滋滋的，曹操为什么要杀人呢？

我猜测，可能是因为下面的原因。因为匈奴人以游牧为生，大多体格高大威猛，所以曹操不自信，才找了个替身，这可是国家机密。但这个使节非常聪明，一下子就看出站在崔琰身后的捉刀人不是一般人，是个大英雄，倒比坐在塌上的"主公"更加威武。这等于说，曹操找了个替身，不但没给自己加分，反而留给匈奴人一个印象——新的中原霸主曹操并不怎么样，还不如他的侍卫厉害。这个使者要是回去一宣扬，匈奴人恐怕就不肯好好归附中原了。所以曹操才要追杀他。

这段话中有个词"捉刀"，本来是形容曹操的，因为他找人做替身，这个词后来就代指"替人写文章"。

故事说到这儿，你或许会有个疑问——床是专门用来睡觉的家具，一般放在卧室，而卧室是家里很私密的地方。接见匈奴使节，好歹也是严肃的外交活动，原文中怎么会写站在床边呢？如果你有这样的疑问，说明你对文字很敏感。

的确，古代的床跟现代的床很不一样。先秦时代，没有椅子、凳子这些家具，大家都是坐在地上，最多有个席子。曹操所在的时代，已经有了比地面高的坐具，这就是床，现在我们称之为坐榻。古代的床很矮，古人读书、写字、吃饭、睡觉几乎都可以在床上进行，当然也能坐在床上接待外宾。把床收到卧室里只用来睡觉，是很晚的事情了。恰恰是这种怀疑，能促使我们发现一个词在古代和现代意思的变化。

当然，不是所有人都像曹操一样因为相貌感到自卑，在春秋时代，就有一个特别自信的人，别人因为他个子小欺负他，他可一点儿都不示弱。这个人就是齐国的大夫晏婴。

晏子使楚（节选）

《晏子春秋》

晏子使楚。楚人以晏子短①，楚人为小门于大门之侧而延②晏子。晏子不入，曰："使狗国者，从狗门入。今臣使楚，不当从此门入。"傧者③更道，从大门入。见楚王，王曰："齐无人耶？使子为使。"晏子对曰："齐之临淄三百闾，张袂④成阴，挥汗成雨，比⑤肩继踵而在，何为无人？"王曰："然则何为使子⑥？"晏子对曰："齐命使，各有所主：其贤者使使贤主，不肖⑦者使使不肖主。婴最不肖，故宜⑧使楚矣。"

①短：矮小。 ②延：引导，迎接。 ③傧者：迎宾的人。 ④袂：衣袖。
⑤比：靠近，挨着。 ⑥子：你。 ⑦不肖：不贤。 ⑧宜：适合。

晏子出使楚国。楚国人因为晏子身材矮小，在大门的旁边开了一个小门请晏子进去。晏子不进去，说：“出使到狗国的人从狗门进去，今天我出使楚国，不应该从这个门进去。”于是，迎接宾客的人只好带晏子改从大门进去。谒见楚王，楚王说：“齐国没有人了吗？竟派你做使臣。”晏子回答说：“齐国的都城临淄有数千户人家，人们一起展开袖子，能遮住太阳；人们一起挥洒汗水，能汇成大雨；街上行人肩膀靠着肩膀，脚尖碰着脚后跟，怎么能说没有人才呢？”楚王说：“既然这样，那为什么会派你来呢？”晏子回答说：“齐国派遣使臣，各有针对的君主。那些贤德的人，让他们出使到有贤德君主的国家；不贤的人，让他出使有不贤的君主的国家。我晏婴最不贤，所以适合出使楚国。”

古文今读

晏子出使楚国，楚国人因为晏子身材矮小，就在大门的旁边开一个小门，让晏子从小门进去。

晏子是代表齐国出使楚国的，楚国人这么做，不光是羞辱了晏子，也羞辱了他所代表的齐国。这种情况下，换作是你，会怎么做呢？是掉头回去，还是冲上去吵一架？聪明的晏子可没这么做。他并没有直接指责楚国为什么欺负自己，而是说了一句“出使到狗国的人从狗门进”，从而成功转移了问题的焦点。本来，楚国人拿他的个子矮做文章，但晏子可没为自己的身材而自卑，反而把问题变成了一个聪明的推论。

接下来，楚王又讽刺晏婴不配做使臣："齐国没有人了吗？竟派你做使臣。"他没说出来的意思是：如果有人，怎么会派你这么个小个子来？但晏婴还是那个策略，根本不把问题聚焦在自己身上，就装作没听懂楚王的潜台词，认认真真回答楚王的问题，还用细节说明齐国的人是怎么个多法。在最后的回答中，晏婴实在太机智了，直接借用了楚王的话来应对他，这就叫"以其人之道还治其人之身"。既然你觉得我不配做使臣，我就顺着你的逻辑说，继续推论。

这一回的推论方法跟前边一样，还是第一步设定一个前提：我们齐国按照要出使国家的君主的贤德程度，来决定派什么样的使者。第二步摆事实，你说我晏婴不配，很自然，结论就是你们楚国自己不配。

没有一个人的相貌是绝对完美的，出使楚国的晏婴，接二连三地因为相貌受到侮辱，但这个小个子，不但接受了自己的不完美，而且靠着强大的自信聪明反击，反而让楚国自取其辱，真让人佩服。

不知道你发现没有，这一讲我们讲到的古文，"使用"的"使"字出现得特别频繁。别看写出来都是一个"使"，却有三个不同的意思和用法。

首先，它可以是动词"出使"，"晏子使楚""使狗国者，从狗门入"这两句里的"使"都是"出使"。这个意思的"使"字，后面可以跟"要出使的地方"，比如这两句里的"楚"和"狗国"。

其次，它可以指出使到别国的那个人，也就是使者。"魏武将见匈奴使""齐命使"这两句里的"使"，都是指"使者"。今天你熟悉的"大使"的"使"字，也是这个意思。名词"使者"和动词"出使"，意思是有关联的。古文里有很多字，既有名词的意思，也有动词的意思，需要格外留意区别。

最后，“使”还能是一个更抽象的动词，意思是“命令”“让”，比如“使崔季珪代”，意思是“让崔季珪代替他”。这种用法的“使”，后面往往会再跟一个动词，比如“使崔季珪代”的“代”字。

《晏子使楚》中“其贤者使使贤主”，两个“使”连着用，简直要把人搞糊涂。这句后一个“使”表示“出使”，前一个“使”表示“让”，整句话的意思就是“那些贤德的人，让他出使到有贤德君主的国家”。

这一讲我们说了两个人，曹操和晏子，一个对自己的相貌没有自信，另一个即使个子矮也很自信。其实，我们既不用过分关心别人的容貌，也没必要过分焦虑自己的容貌，连晏子那样的小个子，也能凭着智慧打败傲慢的楚国。

最后，送给你一句话：腹有诗书气自华。

古汉语常用字

使

●晏子使楚

使：出使

举一反三

安陵君因使唐雎使于秦（《唐雎不辱使命》）

●魏武将见匈奴使

使：使者

举一反三

齐命使，各有所主（《晏子春秋》）

●使崔季珪代

使：让

举一反三

使人称谢：“皇帝敬劳将军。”（《史记·绛侯周勃世家》）

使老有所终，壮有所用（《礼记·礼运》）

学以致用

你曾经为自己的相貌感到不自信吗？读完曹操和晏子的故事，你有什么启发？

6

什么样的自我介绍更加分？

当你到一个新的学校、新的班级，或者在将来的工作生活中，时常要做自我介绍。

怎么介绍自己，其实是个技术活。今天，我们来认识两个古人，他们的自我介绍都很有特色，让人过目不忘。

离骚（节选） 屈原

帝高阳之苗裔兮，朕①皇考曰伯庸。

摄提贞于孟陬兮，惟庚寅吾以降②。

皇览揆余初度兮，肇锡③余以嘉名。

名余曰正则兮，字余曰灵均。

纷吾既有此内美④兮，又重之以修能。

扈江离与辟芷兮，纫秋兰以为佩。

①朕：我。 ②降：诞生。

③锡：赐给。 ④内美：美好的内在品质。

我是颛顼帝的远代子孙，我先父的大名是伯庸。

岁星在寅的那一年的正月庚寅日，我降生了。

先父仔细揣度我出生时的情况，赐给了我相应的美名。

给我取的名叫正则啊，给我取的字叫灵均。

上天赋予我这么多美好的内在品质啊，又给了我美好的容态。

我披着喷吐幽香的江离和白芷啊，又联缀起秋兰作为自己的佩饰。

古文今读

这段文字节选自《离骚》，作者是屈原。他是我国伟大的浪漫主义诗人。在这段自我介绍中，主人公一上来就先说自己的家世背景，先祖是谁，父亲是谁，身世如何显赫。接着还说了自己出生的年月日——“摄提贞于孟陬兮，惟庚寅吾以降。”“摄提”“孟陬”“庚寅”这几个词，都是古代人表示年月日用的，今天我们已经不用了，但今天求职者的简历上，一般也会写上出生年月。

“朕”这个字，在古装电视剧中，我们经常听到皇帝这么称呼自己，一般大臣可不会用。不过，“朕”这个字在秦朝以前，不论尊卑，称呼自己时都能使用，只是从秦始皇以后，才变成皇帝的专用词。

屈原在他所生活的时代，可真的是个大人物。就像第一句诗里说的那样，他出身名门，是战国时期楚国的贵族，从小受过很好的教育，长大以后深受当时的国君楚怀王的信任。不过，屈原生活的战国时代，秦国势力越来越大，屈原对内主张变法改革，对外主张联合齐国对抗秦国，他的主张触动了其他贵族的利益，那些人就一直在楚怀王面前说他的坏话，导致他被疏远了。《离骚》这首长诗，就是屈原在表达楚怀王不该听信谣言，所以诗里充满了忧愤和哀伤。

看完这段自我介绍，你会不会想：第一句不说自己是谁，先说祖先是谁、爸爸是谁，这难道不是炫耀吗？但真实情况是，主人公表明出身，只是为了表达自己要为国家担负重要责任，这恰恰是“贵族精神”的体现。这种责任和奋斗，在《离骚》里凝结成了一个名句：路漫漫其修远兮，吾将上下而求索。意思是说，道路又窄又长无边无际，我要努力追求理想。

遗憾的是，当楚国都城被秦军攻破的时候，屈原就投江自尽了。因为屈原投江的这一天是端午节，所以我们今天过节的时候，也会同时纪念这位伟大的诗人。

可是，如果没有贵族身份，只是个小人物，又该怎么介绍自己才能显得出众，给人留下深刻印象呢？接下来，我要给你讲一个小人物，他就是《滕王阁序》的作者王勃。在人们的印象中，王勃是个大文学家，但是，当时登上滕王阁，写下这篇序的王勃，还只是一个没有什么名气的年轻人。那天一起登上滕王阁的人，几乎没有人知道他是谁。那么，当时的他是如何在《滕王阁序》里介绍自己的呢？

滕王阁序（节选）　王勃

勃，三尺微命，一介[1]书生。无路请缨，等终军之弱冠；有怀投笔，慕宗悫[2]之长风。

①一介：一个。　②悫：读 què。

我地位卑微，只是一个书生，虽然和终军的年龄相同，却没有请缨报国的机会；有像班超那样投笔从戎的豪情，也有像宗悫那样乘风破浪的壮志。

古文今读

别看这么一小段话，阅读难度可不低，里面还藏着三个典故，分别是“终军请缨”“投笔从戎”“乘风破浪”。

终军是汉武帝时的一个年轻人。汉武帝想要劝说南越王归顺汉朝，终军就请求说：“请赐给我一条长绳子，我一定把南越王绑起来，带回皇宫门前。”于是，他被派去南越，真的劝服了南越王。“缨”的意思是绳子，“请缨”指“请皇帝赐一根长绳子”。后来，这个词就被引申为主动请求担当重任。

而“有怀投笔”说的是东汉著名的军事家、外交家班超。班超年轻时家里穷，他只好为官府抄文书，有一次抄着抄着他把笔一扔，感叹大丈夫应该为国立功，哪能老是趴在桌子上抄抄写写呢！“有怀投笔”是王勃在说自己有像班超一样投笔从戎的志向。

“慕宗悫之长风”说的又是另外一个人——宗悫，他是南朝宋人。在他小时候，叔父曾问起他的志向，他回答说：“愿乘长风破万里浪。”成语“乘风破浪”就是出自宗悫这句话。王勃在文中说自己很羡慕宗悫的志向。大诗人李白在《行路难》里有一句“长风破浪会有时，直挂云帆济沧海”，也是用了这个典故。

王勃的自我介绍，开头是很谦逊的，说自己是地位卑微的书生。但是话锋一转，王勃请出终军、班超和宗悫这三人，说自己的志向跟他们一样远大。王勃是个小人物，但是拉来三个历史名人，用梦想成为他们来做自我介绍。所以，小人物做自我介绍也不怕没的说，最起码可以说自己的梦想。

庐山谣寄卢侍御虚舟（节选）

李白

我本楚狂人，凤歌笑孔丘。

手持绿玉杖，朝别黄鹤楼。

五岳寻仙不辞远，一生好入名山游。

我本像那个楚国狂人接舆，高声唱着凤歌嘲笑孔丘。手里拿一根镶绿玉的手杖，大清早辞别著名的黄鹤楼。攀登五岳寻仙道不畏路远，这一生就喜欢游历名山。

古文今读

屈原和王勃，做自我介绍时一个说高贵的出身，一个说自己的抱负，都给人留下了深刻印象。如果这两方面都不突出，还能怎么做自我介绍？

我们今天向别人做自我介绍，常常会说“我是哪里人”。不过，李白这首诗里的“我本楚狂人”，可不能这么理解。楚地是屈原的故乡，在我国南方，而李白成长于蜀地，也就是今天的四川。这里他说自己是“楚狂人”，重点在“狂”不在“楚”，他强调的是自己的个性。李白狂到什么地步呢？后面五个字告诉你，“凤歌笑孔丘”，连孔子也敢高声嘲笑。不过他虽然嘲笑孔子，但《论语》可没少读。“凤歌”这个典故就出自《论语》，说的是一个叫接舆的人。接舆曾经唱着“凤兮凤兮……今之从政者殆而”，嘲笑孔子。那李白为什么要用接舆来代表自己呢？孔子代表的儒家文化，在中国古代是思想正统。李白说自己唱着凤歌嘲笑孔子，就是为了反衬他自己不受正统思想束缚。那不受束缚的他要干什么？下面两句诗又告诉你答案了：他要拿着仙人才会有的绿玉手杖游历名山，寻访仙人，这是他一生最大的爱好。

李白给我们的启发就是，你可以介绍自己的性格和爱好，这是每个人都有的东西。而且，如果想要让人记得住你的自我介绍，不妨像李白一样“狂”一点，感情充沛而奔放。你可以用“非常”“特别”这样的字眼来强调自己的特质，千万别温温吞吞地说“还不错”“比较好”这种话。毕竟，一个好的自我介绍，可以让你大放光彩。

文学常识

● “考”和“妣”

“考”原指父亲，后多用来称呼已故的父亲。“妣”原指母亲，后多用来称呼已故的母亲。

举一反三

室西连于中闺，先妣尝一至（《项脊轩志》）

百姓如丧考妣（《尚书·舜典》）

●请缨

出处：《汉书·终军传》

汉武帝时，终军主动请命，求皇帝赐给他一条长绳子，让他承担起把南越王绑起来带回汉朝的任务。后比喻主动要求担当重任。

举一反三

岁暮远为客，边隅还用兵。

烟尘犯雪岭，鼓角动江城。

天地日流血，朝廷谁请缨。

济时敢爱死，寂寞壮心惊。（《岁暮》）

投笔

出处：《后汉书 · 班超列传》

东汉著名的军事家、外交家班超，年轻时抄文书补贴家用，有一次他把笔一扔，感叹大丈夫应为国立功。后比喻弃文从武。

举一反三

中原初逐鹿，投笔事戎轩（《述怀》）

乘风破浪

出处：《宋书 · 宗悫传》

南朝宋的将领宗悫，少年时跟叔父说起自己的志向："愿乘长风破万里浪。"后世用"乘风破浪"来比喻不畏艰难，勇往直前。

举一反三

长风破浪会有时，直挂云帆济沧海（《行路难》）

学以致用

尝试写一个简单的自我介绍，大概 200 个字左右，借鉴我们介绍的古人做自我介绍的方式，来更好地了解和认识自己吧！

7

为什么要尊重别人的隐私？

假如你正在自己房间里写日记，妈妈突然推门进来，一边问“你在干吗”，一边走过来翻看。你会不会觉得不舒服，感觉自己受到了冒犯？其实不仅是你，古人也会有这样的感受，让我们一起回到两千多年前的战国时期，看一个关于不敲门就进屋的故事吧。

韩诗外传（节选）

韩婴

孟子妻独居，踞[1]。孟子入户[2]视之，白其母曰："妇无礼，请去[3]之。"母曰："何也？"曰："踞。"其母曰："何知之？"孟子曰："我亲见之。"母曰："乃汝[4]无礼也，非妇无礼。《礼》不云乎？'将入门，问孰[5]存。将上堂，声必扬。将入户，视必下。'不掩人不备也。今汝往燕私[6]之处，入户不有声，令人踞而视之，是汝之无礼也，非妇无礼也。"于是孟子自责[7]，不敢去妇。

①踞：伸开腿坐。　②户：屋门。　③去：使离开，此处指休妻。　④汝：你。
⑤孰：谁。　⑥燕私：在寝室休息。　⑦责：责备。

孟子的妻子一个人在屋子里，伸开两腿坐着。孟子进屋看见妻子这个样子，就去对母亲说：“我的妻子不讲礼仪，请允许我休了她。”母亲说：“为什么？”孟子说：“她伸开两腿坐。”母亲问：“你怎么知道的？”孟子说：“我亲眼看见的。”母亲说：“这是你不讲礼仪，不是你妻子不讲礼仪。《礼记》上不是说过了吗？‘要进大门的时候，先问一问有谁在家；要进厅堂的时候，必须先高声通传；要进屋的时候，必须眼往下看。’这都是为了避免别人没准备。现在你到妻子休息的地方，进屋没有声响，看到了她两腿伸开坐着的样子。这是你不讲礼仪，不是你妻子不讲礼仪。”于是孟子认识到自己错了，不敢再提休妻的事。

古文今读

这篇文章讲了一个关于孟子的故事。孟子的妻子一个人在屋子里，伸开两腿坐着。孟子就对他母亲说：“我的妻子不讲礼仪，请允许我休了她。”一件小事孟子就气得要休妻了，为什么？

这就要从“踞”字讲起了。“踞”是一种坐的姿势，春秋战国时期，还没有发明凳子、椅子，人们一般是跪坐在席子上，臀部放在脚后跟上，双手放在膝盖上。而“踞”就是席地而坐，两条腿往前伸，打开，像个“八”字。汉高祖刘邦曾经因为这么坐着接见一个书生，被毫不留情地当面批评了。实际上，这种姿势在我们今天看也是既不礼貌也不雅观的。

孟子是儒家的代表人物，儒家最重视礼，这么不体面的坐姿，对孟子来说，是严重不守礼的事。所以可以想象孟子这样一个人，进门看到妻子这种坐姿后的反应——很不高兴。于是他就去向母亲告状，打算把妻子休弃。

孟母问：“为什么？”孟子说：“她伸开两腿坐。”孟母问：“你怎么知道的？”孟子说：“我亲眼看见的。”

你可能听过“孟母三迁”的故事，母亲怕孟子在不好的环境中学坏，连续搬家，直到把家搬到了学校边上，这是个很明理、很有见识的母亲。

她并没附和儿子，而是先问孟子要休妻的原因。孟子说，他亲眼所见，证据确凿。但是，孟母竟然没有站在孟子一边，这是怎么回事？

孟母接着说了：“这是你不讲礼仪，不是你妻子不讲礼仪。《礼记》上不是说了吗？‘要进大门的时候，先问一问有谁在家；要进厅堂的时候，必须先高声通传；要进屋的时候，必须眼往下看。’这都是为了避免别人没准备。”

孟母引用了《礼记》里的一段话：“将入门，问孰存。将上堂，声必扬。将入户，视必下。”这几句话说的都是要尊重别人的私人空间，进屋、进门不能趁人不备。就跟我们今天进别人的办公室或者房间，要先敲门或者按门铃，好让屋里的人有所准备一样。

说到这儿，我们先来解释几个古今意思差别很大、对古文理解构成障碍的字词。一个是“《礼》不云乎”中的“云”字，这里的“云”是动词，相当于“说”，跟“曰”的意思接近。“不知所云”的“云”就是“说话”的意思。在古代，“云”字最初就是表示“白云”的“云”。后来，因为读音相同，就被借来表示“说话”的意思了。再后来，古人也觉得应该给这两个意思区分开，就在表示白云意思的“云”字上面，加了一个“雨”字头，也就是繁体的“雲”字。一个是“门”和“户”。我们今天经常将“门户”连用，在古文里，“门”和“户”都是指“门”，区别在于，门是“大门”，户是“屋门”，所以《礼记》里对“将入门”和“将入户”的行为要求是不一样的：进大门要问有谁在，进屋子眼睛要往下看。

好在孟母最后批评了孟子，孟子也意识到了自己的不对。

其实也能理解，一个人跪坐久了，腿脚会很麻，孟子的妻子一个人待在屋子里，也许就是跪坐的时间长了，伸腿休息一下，没想到丈夫一下子推门进来。所以孟子的母亲一再强调，孟子进屋没出声，这个错在他。

这个小故事出自汉代的《韩诗外传》，是否真实不好查证，但从故事中我们可以了解到早在两千多年前，中国古代的礼已经在强调人和人之间的边界不能随便被打破，即便是夫妻之间。

所以当妈妈翻看你的东西时，你会觉得不舒服，是因为你感受到了侵犯。“我”的概念，不仅是指从头到脚的这个“我”，还包括“我的物品”“我的空间”。我们用这些东西区分了自己和别人。哪怕这个“别人”是爸爸妈妈或者兄弟姐妹，他们仍然不是“我”。

知道了“我”跟别人是各有边界的、独立的人，那“我”要怎么对待别人才是最合适的呢？《论语》里有这么一句话：“己所不欲，勿施于人”。这八个字的意思是自己不愿意要的，不要强加给别人，讲明了如何处理自己和别人的关系，直到今天也常常被人奉为座右铭。

哪怕是孟子自己，也一定不喜欢当自己坐在屋里，姿势不够雅观的时候，被人突然推门进来看到，这就叫“己所不欲”。既然你不喜欢别人突然闯进来，那么也不应该做不出声突然闯进别人房门的事情，这就是“勿施于人”。

一个人想要做到“己所不欲，勿施于人”，前提恰恰在于分得出“你是你，我是我”。有一部动画片叫《蜡笔小新》，主角小新是个小男孩，每次回家总是爱冲妈妈说“你回来啦”，妈妈总是会纠正他：“小新，你应该说‘我回来啦’！”动画片里的小新，是一个不怎么分得清“我”和“你”的孩子。一个人成长的过程中，不仅要学会区分语言里的“你、我、他”，更重要的是要学会建立明确的自我边界，拥有清晰的独立意识。所谓的“青春期”“叛逆期”，其实就是你头脑里的那个“我”的轮廓越来越清晰了，这个时候你就不喜欢别人越界干涉你。比如：陌生人不应该靠得太近；没有征得同意，不应该动别人的私人物品；进别人的房间，一定要先敲门，听到回应再进去。这不仅是礼貌的问题，更是尊重，也是守住自己和别人边界的问题。

古汉语常用字

●《礼》不云乎

说

云

举一反三

孔子云：何陋之有？（《陋室铭》）

此中人语云：“不足为外人道也。”（《桃花源记》）

●将入户，视必下

屋门

举一反三

户

木兰当户织（《木兰诗》）

月色入户，欣然起行（《记承天寺夜游》）

学以致用

“己所不欲，勿施于人”，如果是自己喜欢的东西，是不是就可以“施于人”了呢？你能否从自己和别人的边界的角度，说说你对这个问题的看法？

对未知世界的渴望，

能带着你走到更远的地方去。

第三章·求知

8

人为什么要学习？

现在的你，一定还在学校里上学，每天读书、写字、解题、背诵，小测验、大考试一个接着一个。也许你觉得很辛苦，忍不住发出这样的疑问："人为什么要学习呢？"

其实，先不说遥远的将来，人学习首先是为了现在。为什么这么说呢？我们通过两段古文来体会读书的魅力。

礼记·学记（节选）

玉不琢，不成器[1]。人不学，不知道[2]。

①器：器物。　②道：道理。

玉石不经雕琢，就不能变成好的器物。人不学习，就不明白各种道理。

《论语》一则

子曰："我非生而知之者，好[1]古，敏[2]以求之者也。"

①好：爱好，喜好。　②敏：勤勉。

孔子说："我不是天生就知道这些的人，而是爱好古代文化、勤奋地学习以获得这些知识的人。"

古文今读

这两句话分别出自《礼记》和《论语》，说明了人为什么要学习，点明学习首先是为了“知道”。“知道”是“知道世间的大道、真理”。人除了基本的动物本能，比如渴了要喝水、饿了要吃饭、困了要睡觉等，并不会天生就知道各种知识。就连大思想家孔子也老老实实地说：“我不是天生就知道这些的人，而是爱好古代文化、勤奋地学习以获得这些知识的人。”

你可能会问：“我为什么一定要知道那么多事呢？”首先，是为了此时此刻的生存。当一个人什么都不知道的时候，别说自由自在地玩，就连活着都成问题。因为只要活着，每时每刻，人都要做各种决定。哪怕是在原始丛林里遇到最本能的事情，比如饿了要吃东西，都要决定吃什么。要学会区分什么东西能吃，什么东西吃了会中毒。再比如困了要睡觉，也得决定睡在哪儿。睡在山洞里更安全，睡在大树底下可能会被冻死或者被狮子袭击。如果一个人什么都不知道，怎么做决定？随便选一个？或者让别人替自己做决定？那这个人可能很快就活不下去了。

而生活在现代的我们，要做的决定就更多了。从早晨一睁眼，就立刻面临着做各种决定，穿什么衣服，几点出门，坐什么车，等等。每一个决定背后，都有一大堆知识。这些知识没有一样是你生来就知道的。

你可能会说：“这些生活中的东西我用得上，但上学学的东西不一样啊，我学语文、数学、地理、历史干什么呢？如果一个人生下来吃穿不愁，是不是就可以不学习了呢？”

关于这个问题，战国末期的思想家荀子写过一篇《劝学》的文章，给了一个很好的答案。

劝学（节选）　　《荀子》

君子曰：学不可以已。

青，取之于蓝，而青于蓝；冰，水为之，而寒于水。木直中绳①，輮②以为轮，其曲中规。虽有槁暴③，不复挺者，輮使之然也。故木受绳则直，金就砺④则利，君子博学而日参⑤省⑥乎己，则知⑦明而行无过矣。

①中绳：合乎木匠用来取直的墨线。　②輮：通“煣”，用火烘烤木材使之弯曲。
③槁暴：经日晒而干枯。　④砺：磨刀石。　⑤参：检验。
⑥省：省察。　⑦知：通“智”。

有学问、有修养的人说：学习是不可以停止的。

靛青是从蓝草里提取的，却比蓝草的颜色更深；冰是水凝结而成的，却比水还要冷。木材直得合乎拉直的墨线，但用火烘烤使其弯曲制成车轮，它的弯度又合乎圆的标准，即使之后把它放在阳光下暴晒，它也不会再挺直，这是因为被火烘烤过。所以，木材经过墨线测量后才能取直加工，金属制的刀剑在磨刀石上磨过才能变锋利，有学问、有修养的人广泛学习，并每天检查反省自己的言行，就会见识高明，在行动上不犯错误了。

古文今读

这段文字开头就说“学不可以已”。为什么说学习不能停呢？荀子打了一个比喻：青，取之于蓝，而青于蓝；冰，水为之，而寒于水。

冰是由水凝固而成的，但比水还要冷。后半句很好懂，你一定知道，水低于零摄氏度就会结冰，所以荀子说冰比水更冷。

但前半句有点让人费解，这里的“青”是一种叫靛青的染料，它能染出深蓝色。为什么说“青，取之于蓝”呢？因为这个“蓝”其实是指一种叫蓼蓝的植物。这种植物，乍一看跟蓝色没什么关系，叶子是绿的，花是红的。但蓼蓝里面含有一种天然成分，可加工成靛青，制作蓝色的染料。而靛青的颜色，可比蓼蓝晒干的叶子要深得多，所以说“青，取之于蓝，而青于蓝”。

成语“青出于蓝”就出自荀子这句话，现在用来比喻“学生超过老师”或“后人胜过前人”。为什么以此比喻学习不能停呢？我想，蓝和水都是一种自然的状态，只有经过某个过程，才能更进一步，也就是“蓝变成青，水变成冰”。

如果用一句话概括，那就是学习是为了成为更好的自己。你可能会想，如果温度不够低，冰还不是会化吗？就算学习能让人变好，这个变化牢靠不牢靠呢？荀子又打了一个比方：

木直中绳，輮以为轮，其曲中规。虽有槁暴，不复挺者，輮使之然也。

这段话里涉及了两种中国古代的木工工具。

这里的“绳”不是一般的绳子，而是传统木工用的墨斗上的绳子，需要用它弹出直线，有了它弹出的直线，才能拿锯子锯出方方正正的木板来。你看，工具尚且如此，人又何尝不是如此，需要不断地学习呢？

另一个工具是“规”。“规矩”这个词，其实最初就是指两种工具，“规”是用来画圆的，“矩”是用来画方形的，所以有一句话叫“没有规矩，不成方圆”。中国人很早就发明了规和矩，比如山东武梁祠出土的东汉画像砖上，有女娲和伏羲的形象，女娲手里拿着规，伏羲手里拿着矩，象征着他们为世间确定了规则和秩序。

接下来荀子得出了他的结论：

故木受绳则直，金就砺则利，君子博学而日参省乎己，则知明而行无过矣。

这里的“金”，是一种借代手法，它是用制造刀剑的材料指代刀剑。“砺”是指磨刀石。墨线和磨刀石都是工具。对于人来说，学习既是工具，也是方法，既要广泛学习，还要不断反思，才能够成为更好的自己。

所以，如果再有人问你，人为什么要学习？你就可以回答，学习既是为了眼下的生存，也是为了成为更好的自己。这可不是一句空话。就拿长大了想做什么工作来说，要回答这个问题，你首先得知道，世界上有哪些工作。如果你从来没了解过宇航员、游戏架构师或者橱窗设计师，怎么可能选择这些职业呢？你知道得越多，可选择的范围就越大。其次，不是你想就一定能实现，要想获得自己想要的工作，还得通过学习成为更好的自己，让自己适合那个工作，甚至超过其他想要得到那份工作的人才成。学习，不只是为了让你读个好大学，找个好工作，还是为了让你获得更大的选择权。

古汉语常用字

- 学不可以已
  停止

已

举一反三

烈士暮年，壮心不已（《龟虽寿》）

风雨如晦，鸡鸣不已（《诗经 · 郑风 · 风雨》）

古汉语常用语法

借代法

- 金就砺则利
  刀剑

举一反三

落红不是无情物，化作春泥更护花（《己亥杂诗》）
落花

同舍生皆被绮绣（《送东阳马生序》）
华丽的衣服

学以致用

关于人为什么要学习，你的看法是什么呢？

9

为什么分心不是你的错？

老师或者父母都跟你说过，学习的时候一定要专心。老师希望你上课的时候专心听讲，不要开小差；父母希望你写作业的时候不要听音乐，更不要跟同学网上聊天。不仅是老师、家长这么说，两千年前的大学问家孟子也这么说。为什么学习一定要专心呢？我们一起来走进这篇文章。

学弈　《孟子》

弈秋，通国[①]之善弈者也。使弈秋诲[②]二人弈，其一人专心致志，惟弈秋之为听；一人虽听之，一心以为有鸿鹄将至，思援[③]弓缴而射之。虽与之俱[④]学，弗若[⑤]之矣。为是其智弗若与？曰：非然也。

①**通国：**全国。　②**诲：**教诲。　③**援：**引，拉。　④**俱：**一起，一同。　⑤**弗若：**不如。

弈秋是全国的下棋高手，让他教两个人下棋。其中一个人专心致志，只听弈秋的教诲。另一个人虽然也听着，但心里却想着有鸿鹄快要飞来，要拿起弓箭去射它。虽然跟专心致志的人一同学习，棋艺却不如人家。是因为他不如专心致志的人聪明吗？我说：不是这样的。

古文今读

弈秋是中国历史上记载的第一个围棋高手。他名字里的“弈”可不一定是姓氏，把表示围棋的这个“弈”字放在名字前头，大家就知道这个人下棋肯定很厉害，有点像我们今天说“泥人张”，把“泥人”放在名字开头，说明这个人捏泥人很厉害，很有名。

但这个故事并不是真实发生的，而是孟子做的一个假设。“使弈秋诲二人弈”的“使”字，是假设有两个学生坐在弈秋老师的课堂上，第一个非常专心，第二个心里时不时惦记着天空的飞鸟。这里的飞鸟指的是鸿鹄。鸿和鹄是大雁、天鹅一类的鸟，都是能长途飞行的鸟。弈秋那个不专心的学生老想着把它们射下来。怎么射下来？“援弓缴而射之”，取箭拉弓把它们射下来。“缴”是多音字，最常见的用法是“缴纳”，当它念 zhuó 时，就表示“系在箭上的丝绳”，在这儿也就代指箭了。

这段话里还有一个非常重要的特殊句式——宾语前置句，也就是“惟弈秋之为听”这句话，翻译成现代的意思是“他只听弈秋的教诲”。

什么是宾语前置句？不管在古代还是现代，一般情况下，汉语的宾语都是放在动词后面，比如“听音乐”这个短语里，名词“音乐”就是宾语，它跟在动词“听”后面。但在古文里，宾语会跑到动词前面，这就是宾语前置句。古文里也不是随便什么情况宾语都能前置的，“惟弈秋之为听”是其中一种。读古文时，遇到“惟……之……”这种句式，往往就是宾语前置句。这个“之”字有时候还会替换成“是”，有个成语“唯利是图”，意思是“只图利益”，“利”就跑到“图”前面去了。

孟子是怎样评价这个不专心的学生呢？

“虽与之俱学，弗若之矣”，虽然这个学生也跟着弈秋学习，却比不上那个专心致志的人。“弗”表示“否定”，“弗若”就是“不如”。

孟子说，那个不专心的人学得不够好，不是因为他的智力不如别人，而是因为他学习时不专心。

我小时候听过一个大科学家牛顿的故事。牛顿的朋友来看他，他把吃的东西摆到桌子上，然后就进了实验室，很久都没出来。牛顿的朋友等得太饿了，就自己吃了东西告辞了。等牛顿从实验室出来，看到桌子上空的盘子和碗，就说：“哦，原来我已经吃过饭了。”于是又回去做实验了。

一个人怎么会喜欢做实验喜欢到忘记自己吃没吃过饭的程度呢？我小时候老觉得这种故事是大人编来骗小孩的。可是，我长大以后才意识到，这种专注于一件事、浑然忘我的状态确实存在。

美国著名心理学家契克森米哈赖曾经大规模做过一个心理测试，发现很多人都会进入这种专注忘我的状态，在心理学上这叫作“心流”。他发现人如果是在做那些自己非常喜欢和擅长但又有挑战性的事情，就很容易进入心流状态，不管是工作、学习还是打游戏，都会高度兴奋，感到充实和愉快。人一旦进入这种状态，会感觉不到时间的流逝。就像一个沉浸在游戏里的孩子，被妈妈提醒说“你已经玩了一个小时了，该学习了”，可他自己感觉只过了十分钟。

由此可见，做一件事是不是专心，不仅会影响到做事的结果，同样会影响到你的体验。心理学家发现，当人处于心流状态的时候，大脑会分泌多巴胺等六种物质，正是这些物质让人感到非常愉快。

现在，能让人分心的事情更多了。弈秋那个不专心的学生，还只是怕错过天上的鸿鹄，而现代人，时时刻刻担心自己错过最新的歌，错过朋友的消息……真的很难把注意力集中在一件事情上。

然而，越是在这样的环境下，我们越要想办法管理自己的注意力。那怎么才能集中注意力呢？

心理学家发现，人的注意力其实是呈一条曲线的，我们能不能保持注意力，不仅是由我们自己的意志说了算，也跟外界的刺激有关。缺乏刺激和过度刺激都会让人分心。就拿学校的课堂来说，为什么有些学生容易分心开小差呢？因为老师只能提供一种外界刺激，但教室里的每个孩子感受却不同。如果老师讲的内容太难，学生会走神；如果老师讲得太过简单，学生也会因为感到无聊而走神。那有没有什么办法，可以让学生在课堂上一直保持专注呢？

在这一点上，孔子不愧是真正的教育家，他曾说："不愤不启，不悱不发。举一隅不以三隅反，则不复也。"这话的意思是，不到学生努力想弄明白，但仍然想不透的时候，先不要去开导他；不到学生心里明白，却又不能很好表达出来的时候，也不要去启发他。如果他不能举一反三，就先不要往下进行了。孔子真是一个懂得用合适的外界刺激去管理学生注意力的好老师。

今天的学校里，老师很难照顾到每一个学生的注意力，但了解了这个注意力曲线的原理，至少你知道，分心不全是你的错。另外，你可以分析出来，如果你分心是因为老师讲得太简单，你就要想办法给自己加难度；如果是因为跟不上，也要及时跟老师沟通，学习得加把劲儿了。

学习可能非常无聊，也可能充满乐趣。保持专注是关键。注意力是一种宝贵的力量，它能帮你做成很多事，也能帮你获得很多快乐。

古汉语常用语法

特殊句式：宾语前置句

•惟弈秋之为听

只听弈秋的教诲。

举一反三

微斯人，吾谁与归？（《岳阳楼记》）

如果没有这种人，我同谁一道呢？

忌不自信（《邹忌讽齐王纳谏》）

邹忌不相信自己。

文学常识

专心致志

出处：《孟子·告子上》

释义：把心思全放在上面。形容一心一意，聚精会神。

示例：一个专心致志思索的人并不是在虚度光阴。虽然有些劳动是有形的，但也有一种劳动是无形的。

学以致用

你在什么情况下体会过专注的快乐呢？来说一说吧。

10

为什么每天都要写作业？

你喜欢看篮球比赛吗？那些篮球场上的超级高手，只要一出手，球就像长了眼睛一样“嗖”的一声飞进篮筐，让人忍不住喝彩。

不过，这一幕如果被中国古代一个卖油的老伯伯看到，也许他会轻描淡写地说：“这也没什么啊，就是熟练而已。”一个默默无闻的卖油老伯伯，能比大名鼎鼎的篮球明星还厉害吗？让我们一起来读读《卖油翁》的故事吧！

卖油翁

欧阳修

陈康肃公善射，当世无双，公亦以此自矜。尝射于家圃，有卖油翁释担而立，睨之久而不去。见其发矢十中八九，但微颔之。康肃问曰：“汝亦知射乎？吾射不亦精乎？”翁曰：“无他，但手熟尔。”康肃忿然曰：“尔安敢轻①吾射！”翁曰：“以我酌②油知之。”乃取一葫芦置于地，以钱覆其口，徐③以杓酌油沥之，自钱孔入，而钱不湿。因曰：“我亦无他，惟手熟尔。”康肃笑而遣④之。

①轻：轻视。　②酌：舀取，此处指倒入。　③徐：慢慢地。　④遣：打发。

康肃公陈尧咨擅长射箭，当时世上没有第二个人能和他相媲美，他也凭着这一点自夸。一次，他在自家的园子里射箭，有个卖油的老翁放下担子，站在一旁，不在意地斜着眼看他，很久都没有离开。老翁见到陈尧咨射出的箭十支能中八九支，只是微微地点点头表示赞许。

陈尧咨问道："你也会射箭吗？我射箭的本领难道不精湛吗？"老翁说："没有别的奥秘，只不过是手法熟练罢了。"陈尧咨听后气愤地说："你怎么敢轻视我射箭的本领！"老翁说："凭着我倒油的经验就可懂得这个道理。"于是，老翁拿出一个葫芦放在地上，把一枚铜钱盖在葫芦口上，慢慢地用油勺舀油注入葫芦里，油从钱孔注入，钱却没有湿。于是说："我也没有别的奥秘，只不过是手法熟练罢了。"陈尧咨笑着将他打发走了。

古文今读

《卖油翁》出自北宋著名文学家欧阳修之手，主角陈尧咨跟欧阳修是同时代的人，"康肃"是他的谥号。通常只有皇帝、后妃和大臣、士大夫才能得到谥号。

历史上的陈尧咨可以说是文武双全。论文，他曾经中过状元；论武，他很擅长射箭。这么一个大人物在家里练箭，而且十发九中，的确很厉害了。但是一个卖油的老伯伯见了，却只是微微点点头，完全没有鼓掌或者喝彩。

这么高明的箭法却没有赢来观众的喝彩，陈尧咨当然不服气，所以他连问两句 :“汝亦知射乎？吾射不亦精乎？”注意后一个问句“吾射不亦精乎”，这个句子里用了“不亦……乎”的句式，如果文言文里前面有“不亦”，末尾又跟了个“乎”，一般就是反问句，意思是委婉地表示肯定。陈尧咨说这句话，其实根本没打算问老翁他的箭法是不是真的高明，而是说“我的箭术是很好的”。

陈尧咨用一句“吾射不亦精乎”表示不服气，而老伯伯就说了六个字 :“无他，但手熟尔。”射箭十射九中，并没有什么特别的，只是因为手法熟练罢了。

那老伯伯是怎么认识到这一点的？他说 :“以我酌油知之。”是凭自己倒油的经验知道的。老伯伯不仅是说说而已，接下来，还动手演示了一番。

整篇文章里“而”出现了四次，这个字是文言文里经常出现的一个连词，它前后连接的词、短语和句子，会存在并列或者递进、转折等关系。当句子里出现“而”的时候，多数情况下并不用翻译出来。不过这篇文章中“自钱孔入，而钱不湿”的“而”要翻译成“却”，因为“自钱孔入”和“钱不湿”是转折关系。

卖油翁的那句“无他，但手熟尔”，是整篇文章的核心所在。这句话说出了一个人在某方面成为高手的秘密。卖油翁说的“熟”，其实不过是结果，“练”才是原因。陈尧咨为什么不生气，反而笑着把卖油翁打发走了？因为他自己也知道，他并不是什么天才，射箭射得准，也是练出来的。

《卖油翁》虽然写于近千年前，但卖油翁对高手心法的总结，得到了现代脑科学的支持。美国有位心理学家埃里克森，把这种“熟练”总结成了一个词叫“刻意练习”。他发现不管在什么行业，天才并不都是天生的，很多杰出的人，都是通过至少一万小时的“刻意练习”，才获得了杰出的成就。

需要注意的是，练习不等于刻意练习，加上“刻意”两个字，意思大有不同。如果你正在学习一样乐器或者一项体育运动，不管是钢琴还是网球，除了去老师、教练那里上课，平时一定还要完成很多练习，往往一个曲子得弹很多遍，一个挥拍动作也要来来回回地练。但仅仅是长时间、重复地练习，哪怕真的练够一万小时，也不能算真正的“刻意练习”。为什么这么说？要做好刻意练习，第一，需要你真的有兴趣。如果练习让你觉得枯燥甚至痛苦，就很难达到好的结果。第二，你还要跳出舒适区训练。什么意思呢？你不能总练很拿手的，那样就算练一万小时，也练不成高手。第三，做好刻意练习，你还需要把大目标拆解成小的模块。比如，练曲子可以分成一个小节一个小节地练，熟练一小节后再进行下一小节。美国职业篮球联赛的球队训练也是这样，他们会把篮球动作拆成投篮、传球、运球等，分开训练。第四，还要有及时有效的反馈。万一你用错误的方法进行刻意练习，不就白费力气了？这就是练琴得找老师、练球得跟教练的原因。我们上学的时候，老师布置作业，批改作业，你再改错，这也是一个有效反馈的过程。

“刻意练习”理论近年来受到了很多人的关注，大家普遍认为，这是迄今为止人类最强的学习方法之一。所以，下一次如果谁告诉你想要达到某个目标需要下功夫刻苦练习，你可以告诉他，不是要刻苦练习，而是要刻意练习。

古汉语常用字

但微颔之

只是

但

举一反三

但当涉猎，见往事耳（《孙权劝学》）

但少闲人如吾两人者耳（《记承天寺夜游》）

古汉语常用语法

特殊句式：反问句

吾射不亦精乎？

我射箭的本领难道不精湛吗？

举一反三

有朋自远方来，不亦乐乎？（《论语·学而》）

有志同道合的人从远方来，不也很高兴吗？

卿言多务，孰若孤？（《孙权劝学》）

你说军中事务繁多，谁能比得上我呢？

学以致用

写作业其实是一个反复练习的过程。现在，你知道自己为什么每天都要写作业了吗？读了这篇文章，你还有哪些感想呢？说说看。

11

跟别人想的不一样怎么办？

假如你跟七八个朋友一起去爬山，突然迷路了，走到一个岔路口，别人都说应该走左边，而你觉得应该走右边，这个时候应该怎么办？你是听大伙的？还是宁可脱离大部队也要坚持自己的想法？

先别忙着回答，我们一起来看看西晋时期的王戎遇到这种情况是怎么做的。

王戎不取道旁李

《世说新语》

王戎七岁，尝与诸小儿游。看道边李树多子折枝，诸儿竞走[1]取之，唯戎不动。人问之，答曰："树在道边而多子，此必苦李。"取之，信然[2]。

①走：跑。　②信然：的确如此。

王戎七岁的时候，曾经跟一群小孩出去玩。看到路边的李树上结了很多果子，把树枝都压弯了，别的孩子都争着跑去摘李子，只有王戎站在原地不动。有人问王戎为什么不去摘李子，他回答："李树长在路边，竟然还有这么多李子，这一定是苦李子。"拿来尝一尝，确实是这样。

古文今读

这个故事出自《世说新语》，主人公是一个叫作王戎的孩子。“诸儿竞走取之”，“诸”是“众多”，“竞”是“争着，争相”，“走”在文言文里是“跑”的意思。大多数孩子都跑去摘李子了，而王戎却一动不动。

于是，有人问王戎为什么不动，王戎回答说，树长在路边，竟然还有这么多李子，这一定是苦李子。

那么，王戎的想法对不对？原文里说“取之，信然”，拿过李子来尝一尝，果然是苦的。“信然”的“信”，既不是“相信”，也不是“信件，信封”，而是“确实，的确”。“信然”就是“的确如此、确实如此”。王戎的推测跟实际情况是一样的，所以叫“信然”。

显然，王戎是一个不盲从、能独立思考的孩子。那是不是跟大多数人想得不一样，就叫独立思考呢？其实，独立思考并不是那么简单。一听到别人的看法——不管是多数人还是少数人的看法，就急着同意或者反对，这并不是独立思考。真正的独立思考，是根据事实分析推理，自己得出观点。至于这个观点是不是跟多数人一致，都不是很重要。

在这个小故事里，七岁的王戎其实进行了一场高质量的思考。

首先，他非常注意观察和搜集事实。注意刚开始那句话，“道边李树多子折枝”。别看这么短短的一句话，其实包含着三层事实，信息量非常大。

第一，树长在路边；第二，树上结着很多李子；第三，李子把树枝都压弯了。

王戎正是从上面这三个事实出发，作出了符合逻辑的推理和判断：

树在路边，没有主人，李子应该谁都能摘。李子把树枝都压弯了，所以就连他这样的小孩也能够得着。按照常理，树上的李子应该早被人摘光了。但是，树上竟然有这么多果子，这很反常。于是，王戎就表达了自己的观点：李子一定是苦的。

在这里我请大家注意两个词："事实"和"观点"。这两个词对独立思考来说很重要。

什么是事实？事实就是不以人的意志为转移的客观存在，我们可以通过观察、记录、测量来收集它。我们刚才说的，树长在路边，树上结着很多果子，这些都是事实，大家都看得到或者能验证。

什么是观点？观点是人的主观判断，来自我们头脑的分析、推理、总结。王戎说"此必苦李"，这就是观点。但我要提醒你，这句话里有个"必"字，他说的是"此必苦李"，而不是"此李苦"。"此李苦"是陈述一个事实。王戎的话，多了一个"必"字，表达的是自己的观点和判断。

为什么说这个"必"字很重要？表达观点，我们一般会说"我觉得""我认为""我想"，或者"可能""也许""一定""必然"等。因为这个"必"字，我不得不赞叹，七岁的王戎真是了不起，他不但善于观察和思考，还能非常清晰准确地表达自己的观点。

其次，要完成有效的独立思考，你还要去验证自己的观点。王戎说"此必苦李"的判断到底对不对，最好是能亲自去尝一口。所以，这个故事很完整，最后一句是"取之，信然"。一检验，王戎果然说对了，他的推理是正确的。

所以，高质量的独立思考，至少要包含以下四个步骤：

1. 注意观察和搜集事实；

2. 从事实出发，做出符合逻辑的推理和判断；

3. 准确地表达自己的观点；

4. 最后，还要去验证观点。

独立思考不在于赞同你的观点的人是多还是少，而在于你有没有经过一个高质量思考的过程。当然，发现自己的观点跟周围大多数人的都不一样，却还能像王戎一样坚持自己的观点，并不是一件轻松容易的事情，因为别人很可能会嘲笑你。

古希腊著名哲学家苏格拉底是一个跟孔子一样伟大的老师。有一天，学生们向他请教什么叫坚持真理，他并没有直接回答，而是拿出一个苹果对学生们说："请大家闻一闻空气中有什么味道。"很快有学生举手回答："我闻到了苹果的香味。"苏格拉底走下讲台，举着苹果，慢慢地从每个学生身边走过，要求大家认真闻一闻味道。很快，教室里除了一名学生之外，其他人都说自己闻到了苹果的香味。

苏格拉底就问那个学生说："你真的没有闻到吗？"那个学生很肯定地回答："我真的什么气味也没有闻到！"这时，苏格拉底对大家宣布："他是对的，这是一个假苹果，根本没有香味。"你知道这个不害怕跟同学们不一样、坚持自己观点的学生是谁吗？他就是后来大名鼎鼎的哲学家柏拉图。更有意思的是，柏拉图的学生亚里士多德有一句名言，说的也是独立思想的重要性——吾爱吾师，吾更爱真理。

你看，不管是王戎还是柏拉图，都没有跟多数人的选择站在一起。是什么让他们坚持做自己？并不完全是靠勇气，而是靠一种更理性的思维方式。柏拉图是坚持认定自己观察到的事实，王戎是坚持了自己的判断。因此，希望你在遇到这种情况时，也能够相信自己，坚持自己。

古汉语常用字

- 树在道边**而**多子
  表示转折

而

举一反三

予独爱莲之出淤泥而不染，濯清涟而不妖（《爱莲说》）

千里马常有，而伯乐不常有（《马说》）

学以致用

你遇到过和别人想法不一样的时刻吗？说一说你是怎么做的吧。

12

怎么辩论才能赢？

你一定有过跟别人争论的经历，你们观点冲突，都试图说服对方。这种活动，如果搬到舞台上就是辩论赛。

在两千多年前的古代中国，有两个小孩发起了一场辩论，他们争辩的主题是：太阳什么时候离我们近，什么时候离我们远。奇怪的是，他们说的事实都对，但观点却完全相反，于是请了孔子来评理。结果怎么样呢？我们一起来看看这篇文章。

两小儿辩[1]日

《列子》

孔子东游，见两小儿辩斗，问其故[2]。

一儿曰："我以日始出时去人近，而日中时远也。"

一儿曰："我以日初出远，而日中时近也。"

一儿曰："日初出大如车盖，及日中则如盘盂，此不为远者小而近者大乎？"

一儿曰："日初出沧沧凉凉，及其日中如探汤，此不为近者热而远者凉乎？"

孔子不能决也。

两小儿笑曰："孰[3]为汝多知乎？"

①辩：辩论，争辩。　②故：缘故，原因。

③孰：疑问代词，谁。

孔子在东方游历的时候，遇到两个孩子争辩，就问他们为什么争辩。

一个孩子说：“我认为太阳刚出来的时候离人近，到中午的时候离人远。”

另一个孩子说：“我认为太阳刚出来的时候离人远，到中午的时候离人近。”

一个孩子说：“太阳刚出来的时候像车盖那么大，到了中午却像一个盘子那么小。这难道不是因为远的东西看起来小，近的东西看起来大吗？”

另一个孩子说：“太阳刚出来的时候天气很凉快，到了中午却像手伸到热水里一样热。这难道不是因为近的东西热，远的东西凉吗？”

孔子也不能判断（谁对谁错）。

两个孩子笑着说：“谁说您的知识渊博呢？”

古文今读

这篇文章讲的是孔子在东方游历时发生的事情，他遇到两个小孩争辩关于太阳的问题，就问他们到底在争什么。

原来他们争的是一天当中太阳的远近。其中一个觉得，太阳刚出来的时候离人近，到中午的时候离人远。另一个觉得，太阳刚出来的时候离人远，到中午的时候离人近。

文中的“去”是“距离”的意思，“相去不远”这个词里的“去”，也是“距离”。不过，“去”在文言文里更常见的意思是“离开（所在的地方到别处）”。我们今天说“去上海”，“去”后面跟的是目的地。但文言文里的“去”字后面,经常是出发的地方。千古名篇《岳阳楼记》里有一句“去国怀乡”，“去国”说的就是“离开国都”，而不是“前往国都”。

光说观点还不行，还得拿出事实支持观点。

一个孩子说：“太阳刚出来的时候像车盖那么大，到了中午却像一个盘子那么小。这难道不是因为远的东西看起来小，近的东西看起来大吗？”

另一个孩子说：“太阳刚出来的时候天气很凉快，到了中午却像手伸到热水里一样热。这难道不是因为近的东西热，远的东西凉吗？”

注意这里的“探汤”，可不是说把手伸到紫菜蛋花汤里，“汤”在较早的古文里指的是“热水”。日本人管温泉叫“汤”，也是保留了古汉语的这种用法。

近大远小、近热远凉，这种感觉我们也体会过，到底谁说得更有道理呢？

这场辩论赛的评委是孔子，但是评委竟然被考住了。因为这两个孩子的辩论技巧几乎是一模一样的，都是根据自己观察和感知的结果，去推测太阳的远近，所以评委才没办法给他们分出胜负。

其实，一个东西看上去变大或者变小，这是一个观察结果，导致它的原因是有很多种的，距离的远近只是其中之一。离得远，看上去一定会变小，但变小了却不能反推回去"一定是因为离得远"。我原地不动给一个气球放气，你也能看到它从大变小。从某个原因能够推导结果，但从结果却不一定能还原出原因。就像三加五等于八，但八却不一定是三加五得出的，也可能是二加六,二乘四，或者九减一的结果。

太阳看起来时大时小，感觉上有冷有热，其实有别的原因。如果是第二个孩子，就算没有今天天文学家的研究，只用他观察到的事实，其实还是有办法赢这场辩论赛的。什么办法呢？找出对方的逻辑漏洞。其实很简单，不上来就先公布自己的答案，而是针对对方的观点来分析。

"没错，就按照你说的，早晨太阳近，中午太阳远，那你怎么解释早晨太阳刚出来的时候天气凉快，到了中午，却像手伸到热水里一样热呢？明明我们离炉子越近就越觉得暖和呀？"

你发现我的辩论技巧了吗？我没证明自己是对的，我只证明了对方的话是错的，是有逻辑漏洞的，跟事实有矛盾。如果是一场辩论赛的话，这就足够让评委把票投给我了。

所以，发现对方话语里的矛盾，并且用他自己说的话来反驳他，是非常有用的辩论技巧。

说到"矛盾"这两个字，你会不会觉得奇怪，矛和盾明明是两种古代的武器，怎么就被拿来指这种事物之间的对立关系呢？它同样跟一个古代的辩论故事有关。

自相矛盾　《韩非子》

楚人有鬻[1]盾与矛者，誉[2]之曰："吾盾之坚，物莫能陷[3]也。"又誉其矛曰："吾矛之利，于物无不陷也。"或曰："以子之矛陷子之盾，何如？"其人弗能应也。夫不可陷之盾与无不陷之矛，不可同世而立。

①鬻：读 yù，卖。　②誉：夸耀。
③陷：刺破，穿透。

楚国有个卖矛和盾的人，他首先夸耀自己的盾，说："我的盾很坚固，没有什么东西能穿透它。"然后，他又夸耀自己的矛，说："我的矛很锋利，任何坚固的东西都能刺穿。"有人问他："如果用你的矛去刺你的盾，会怎么样？"那个人被问得哑口无言。什么东西都无法穿透的盾与什么都能刺穿的矛，不可能同时存在于世上。

古文今读

这个故事出自《韩非子》。故事里的商人犯了一个逻辑错误。在同一个问题中，是不可能做出截然相反的判断的，否则就是犯了逻辑上“自相矛盾”的错误。如果一支长矛是全世界最锋利的，那就意味着所有的盾它都戳得破；如果一个盾是全世界最坚固的，那就意味着所有的矛都戳不破它。但这两句话不可能同时成立。这个故事用矛和盾的关系，非常恰当地说明了这个逻辑问题，成语“自相矛盾”就是这么来的。

如果把这个故事看作一场辩论，你会发现，最后这个人说的话，和我刚才给辩日的小孩出的主意一样，都是抓住了对方话里的逻辑漏洞，先承认他的话都对，然后“以子之矛陷子之盾”。

不管是模拟的辩论赛，还是现实中对问题的看法不同，如何才能辩论赢别人？当然不是靠嗓门大，更不是靠人身攻击。如果能从对方的话里发现矛盾，抓住矛盾的重点，就能帮你赢得辩论。

说完故事，我再讲一下“之”的特殊用法。“以子之矛陷子之盾”里的“之”比较简单，相当于“的”。而“吾盾之坚，物莫能陷也”“吾矛之利，于物无不陷也”，这里的“之”是个表示语法功能的助词，不用翻译出来，起到了“放在主语和谓语之间，取消句子独立性”的功能。“之”能够使本来可以独立成句的话，变成长句子中的一个成分。如果没有“之”，“盾坚”“矛利”就是有主语和谓语的完整句子了，但加了“之”，就知道作者还有话说，这里只能加逗号，而不是句号。这是文言文中一种很常见也很特别的用法，考试常常会考到，你一定要记住。

古汉语常用字

●日始出时去人近

相距、距离

去

举一反三

西蜀之去南海（《为学一首示子侄》）

夫五人之死，去今之墓而葬焉（《五人墓碑记》）

●及其日中如探汤

热水

汤

举一反三

媵人持汤沃灌，以衾拥覆，久而乃和（《送东阳马生序》）

冬日则饮汤，夏日则饮水（《孟子·告子上》）

学以致用

1. 真正的辩论不是针锋相对地争吵，而是从对方的话语中找到弱点，利用智慧去反驳对方的观点。辩论也是一门艺术，它能帮助我们更好地表达自己的观点或聆听别人的观点。你在生活中有过辩论的经历吗？分享一下吧！

2. 在你读过的古文里，还有哪些句子像“吾盾之坚，物莫能陷也”这种取消句子独立性的“之”的用法？挑出几句你喜欢的写下来。

世界为何存在？你问出这个问题的时候，

便有了一束光。

第四章 · 自然

13

什么样的植物能传情？

母亲节的时候，人们喜欢用康乃馨向母亲表达谢意；情人节的时候，人们喜欢用玫瑰向恋人表达爱意……其实，这都是近代从西方传来的文化习俗。我们中国人用植物来表达感情，要比这早得多。

早在两千多年前的春秋时期，中国人已经在用植物来表达情绪了。《诗经》中记录了很多，这一讲，我们先来认识一种很常见的植物——杨柳。

采薇（节选） 《诗经》

昔[1]我往矣，杨柳依依。今我来思，雨[2]雪霏霏。行道迟迟，载渴载饥。我心伤悲，莫知我哀！

①**昔：**过去，指出征时。 ②**雨：**这里用作动词，读 yù。“雨雪”指下雪。

回想当初我出征的时候，杨柳依依随风摇曳。如今回来路途中，却纷纷扬扬下起了大雪。路途漫长难行走，又渴又饥真劳累。我心里不由得伤悲起来，没有人懂得我的哀痛！

古文今读

“采薇”这两个字你应该不陌生，我们前面讲伯夷和叔齐的故事时，就提过他们俩“义不食周粟……采薇而食之”。“薇”是一种野菜，能充饥。不过，我现在要说的重点是诗里的“杨柳”。

这首诗出自《诗经》，写的是寒冬的日子里，雪花纷纷扬扬，一个退役老兵艰难地走在回家的路上，又饥又渴，内心悲伤。

“昔我往矣，杨柳依依。今我来思，雨雪霏霏。”这两句是《诗经》中非常美的句子，而且“杨柳依依”“雨雪霏霏”都用到了叠字。有一句话你可能听过，叫“人非草木，孰能无情”。的确，植物本身并没有喜怒哀乐的情感，但从“昔我往矣，杨柳依依”开始，杨柳在中国文化里就不仅仅是路边普通的树了，可能是因为“杨柳”的“柳”跟“留下”的“留”读音接近，从此，在每一个送别时刻，杨柳都好像在诉说着“留下来吧”，象征人们依依不舍的感情。

你可能还背过《送元二使安西》这首著名的离别诗：

渭城朝雨浥轻尘，客舍青青柳色新。

劝君更尽一杯酒，西出阳关无故人。

出现在这里的“柳”，同样象征了送别友人的不舍之情。这也是中国文化的含蓄之美，留恋说不出口，就折一枝杨柳来表达。

回到这首诗，下一句“行道迟迟，载渴载饥”，这是说“路长难走，又渴又饿”。这里的“载”并不是“载重、装载”的意思，而是表示两个同时进行的动作，就是“又……又……”的意思。就像我们熟悉的“载歌载舞”这个词，意思是“又唱歌又跳舞”。两个“载”连用的句式在《诗经》里经常出现。

能代表情绪的植物，在中文里可不止一种。孔子就谈论过另外一种植物，认为它代表了坚毅的品格。

子曰："岁寒，然后知松柏之后凋也。"

孔子说，天气寒冷了，才知道松柏的叶子比其他树木的叶子凋零得更迟。

松柏是常绿树种，它们的树叶不像枫叶、梧桐叶那样很大片，而是细细的针状或者小小的鳞片状等。即使冬天来临，它们也很少落叶。松柏的这种耐寒特性，被孔子认为是品格坚毅、经得起考验的象征。我们熟悉的大文豪苏轼也很喜欢松树，不但在父亲的墓地种松树，还写下了"老翁山下玉渊回，手植青松三万栽"的诗句。苏轼一生坎坷，却始终达观乐天，和松树还真是相配呢。

在冬天仍然能够保持生机的植物，除了松树，还有梅花和竹子，它们被称为"岁寒三友"。故宫宁寿宫的花园里有一座建筑叫"三友轩"，装饰了许多松、竹、梅的元素。《红楼梦》里林黛玉在大观园中的住处取名"潇湘馆"，也是因为里面种了很多竹子。

你可能会说："植物不会说话，它到底代表什么，我怎么知道呢？"其实，从杨柳和松树的例子可以看出来，一开始，植物象征的某种情感可能碰巧只代表某个文学家个人的感情，但如果他写得好，被大家接受了，这种植物就会变成一个文化符号，被后世不断使用，用得越多，象征意义就越牢固。从此，后世的人一看到这个符号，就会想起它背后丰富的意蕴。

随着文化的不断发展，越来越多的植物被人们赋予了不同的象征意义。宋代文学家周敦颐就把他对荷花的礼赞写成了《爱莲说》。

爱莲说

周敦颐

水陆草木之花，可爱者甚蕃[①]。晋陶渊明独爱菊。自李唐来，世人甚爱牡丹。予独爱莲之出淤泥而不染，濯[②]清涟[③]而不妖，中通外直，不蔓不枝，香远益清，亭亭净植，可远观而不可亵玩焉。

予谓菊，花之隐逸者也；牡丹，花之富贵者也；莲，花之君子者也。噫！菊之爱，陶后鲜有闻。莲之爱，同予者何人？牡丹之爱，宜乎众矣。

①蕃：读fán，多。 ②濯：洗涤。 ③清涟：水清而有微波，这里指清水。

生长在水中和陆地上的各种草本木本的花中，值得喜爱的有很多。晋朝的陶渊明唯独喜爱菊花。自唐朝以来，世人非常喜爱牡丹。我唯独喜欢莲花，它从污泥中生长出来却不被淤泥污染，经过清水的洗涤却不显得妖艳，它的茎内部贯通、外部笔直，不横生藤蔓，不旁生枝茎，香气远闻，更加清新，它洁净地挺立在那里，人们可以远远地观赏，却不可靠近玩弄它。

我认为菊花是花中的隐士，牡丹是花中的富贵者，莲花是花中的君子。唉！对菊花的喜爱，在陶渊明之后就很少听说了。对莲花的喜爱，像我这样的还有谁呢？对牡丹的喜爱，应当很普遍了。

古文今读

陶渊明你应该不陌生，我们学过他的《桃花源记》。他还写过一首《饮酒》，里边有一句“采菊东篱下，悠然见南山”，这首诗表达了他厌倦官场的生活，想要躲到山间隐居的心情。“采菊东篱下”表现了陶渊明理想的隐居生活：在篱笆下采菊花，一抬头，不经意间看到了南山，非常惬意。

“李唐”就是唐朝，因为唐朝的皇帝姓李，所以才有这种说法。牡丹开在春季，色彩绚烂，姿态娇媚，而且花朵特别大。你大概听过一个词叫“盛唐气象”，说的是唐朝那种大气昂扬的文化氛围。在这种氛围下，国色天香的牡丹，就得到了从王公贵族到市井平民的普遍喜爱。

你可能会奇怪，明明题目叫《爱莲说》，作者先说了大诗人陶渊明的喜好，也说了唐代流行的风尚，为什么还不说莲花？

予独爱莲之出淤泥而不染，濯清涟而不妖，中通外直，不蔓不枝，香远益清，亭亭净植，可远观而不可亵玩焉。

原来，前面铺垫那么多，都是为了表现作者的品位跟一般人不一样。作者先给了莲花一些评价：它出淤泥而不染，经清水洗涤却不显妖艳，它的茎内部贯通、外部笔直，不横生藤蔓，不旁生枝茎，香气远闻，更加清新，它洁净地挺立在水中，人只能远远地欣赏，却不能靠近玩弄它。

莲花长在水塘里，塘里的泥巴又黑又黏。可生长在这种环境里的莲花却干干净净的，完全没被污染。如果你见过莲花，一定知道它的茎都是直立的，从来不打弯儿，而且每朵花、每片叶子都是独立的，从来不分叉。这就是“中通外直，不蔓不枝”。

莲花的香气没那么浓烈，但站在荷塘边上，又总能闻到那种带一点苦味的清香。而且，如果不能像白居易诗里偷采白莲的小娃那样撑一只小船的话，你就只能远远地看着莲花，没办法把花拉近，把鼻子凑上去闻一闻。

喜欢一种花，却不能凑近了抓在手里看，那作者为什么偏偏喜爱它呢？

予谓菊，花之隐逸者也；牡丹，花之富贵者也；莲，花之君子者也。

陶渊明是隐士，所以它爱的菊花也就成了隐逸的象征。牡丹国色天香，又与盛唐的繁荣联系在一起，当然有富贵气。那作者为什么说莲花是君子？从前面作者对莲花的描述里可以看出，“出淤泥而不染，濯清涟而不妖”“中通外直，不蔓不枝，香远益清”“可远观而不可亵玩”的特征，很容易使人联想到“洁身自好”“正直”“独立”“低调”的品格，这恰恰符合孔子对君子的定义。

最后作者还感叹说：“对菊花的喜爱，在陶渊明之后就很少听说了。对莲花的喜爱，像我这样的还有谁呢？对牡丹的喜爱，应当很普遍了。”

羡慕荣华富贵的人很多，大家都喜欢牡丹，这也是理所当然的。

周敦颐是北宋著名的哲学家，他做过官，而且做得认认真真，到处兴教办学，在广东做官的时候，不到一年时间就几乎走遍了广东各地。儒家文化认为君子要担起责任，哪怕环境像污泥一般，君子也不会选择逃避，而是像莲花一样保持自己的品格。

这一讲里，我讲了杨柳、松柏、梅花、竹子、菊花、莲花这些在中国文化里有不同象征意义的植物。通过文学，草木有了人的情感，而借由这些植物，中国人也把抽象的情感转化成了看得见的意象。这样的意象，直到今天还常常出现在我们的生活中。希望以后你看到这些植物时，知道它们不仅仅是画面上的那朵花、那棵树，背后还有中国古代的诗词歌赋，以及一个民族的偏爱、喜好和情感。

古汉语常用字

●行道迟迟，**载**渴**载**饥

（载：又）

载

举一反三

载欣**载**奔（《归去来兮辞》）

文学常识

岁寒三友

松、竹经冬不凋，梅花寒冬开放，因此有“岁寒三友”之称。

学以致用

不同的植物往往有不同的文化含义。它们代表了文人骚客的精神追求，还象征着文人内心向往的高洁品质。除了上面说的这些植物，你还知道哪些植物有特别的象征意义吗？

14

人为什么不能宅在家里？

如果给你两个选择，花一整天时间去郊外逛逛和在家宅着，你会选哪个？我猜选在家宅着的人比例不会太低。

但明末评点《水浒传》的大才子金圣叹可不这么看。有一次，他遇上了持续的阴天，这可让他难受死了。我们来看看是怎么回事吧！

不亦快哉三十三则（节选）

金圣叹

重阴匝[1]月，如醉如病，朝眠不起，忽闻众鸟毕作弄晴之声。急引手搴[2]帷，推窗视之，日光晶荧，林木如洗。不亦快哉！

①匝：读 zā，满。　②搴：读 qiān，提起，撩起。

天气阴了足足一个月了，搞得人如醉如病，早晨总是睡不醒。忽然听到群鸟在初晴时一起鸣叫，急忙伸手拉开帘帷，推窗一看，阳光闪耀，树木像被水洗过一样。多么让人快活啊！

古文今读

“重阴匝月”，意思是整整一个月都是阴天。金圣叹觉得怎么样呢？“如醉如病，朝眠不起”，就是像喝醉酒，又像生病，早晨睡得起不来。

你看，天阴，他整个人都没精神了。怎么办？

忽然听到一群鸟叽叽喳喳，他急忙把帘帷拉开，推开窗往外看。他看到了什么？阳光闪耀，树林像被水洗过一样。于是金圣叹大声赞叹：“多么让人快活啊！”

金圣叹用“弄晴”来形容鸟叫，意思是小鸟跟阳光玩游戏，这个说法很生动。结尾那句“不亦快哉”的“哉”是个语气词，出现这个字的时候，如果让你加标点，一般可以加感叹号或者问号，感叹号的可能性更大。前面我们也学习过“吾射不亦精乎”这样的反问句式，结尾用“乎”还是用“哉”，语气完全不同，用“乎”是委婉地表示肯定，但用“哉”就是非常直接地赞叹了。

没有晒太阳会让人觉得郁闷，这可不只是金圣叹的个人感受，其实，现代心理学家已经证明阳光可以使人心情变好。在天晴时推开窗，看到阳光灿烂，金圣叹就很快活了。如果是北宋大文学家欧阳修，我猜他要呼朋唤友去山林里玩了。如果他没有那么爱玩，我们今天就看不到《醉翁亭记》这样的千古名篇了。

醉翁亭记（节选） 欧阳修

环滁皆山也。其西南诸峰，林壑尤美，望之蔚然而深秀者，琅琊也。山行六七里，渐闻水声潺潺而泻出于两峰之间者，酿泉也。峰回路转，有亭翼然临①于泉上者，醉翁亭也。作亭者谁？山之僧智仙也。名之者谁？太守自谓也。太守与客来饮于此，饮少辄②醉，而年又最高，故自号曰醉翁也。醉翁之意③不在酒，在乎山水之间也。山水之乐，得之心而寓④之酒也。

①临：居高面下。 ②辄：就。 ③意：意趣，情趣。 ④寓：寄托。

环绕滁州的都是山。那西南的几座山峰，树林和山谷尤其优美。一眼望过去，树木茂盛又幽深秀丽的，是琅琊山。沿着山路走六七里，渐渐听到潺潺的流水声，有一股水流从两峰之间飞泻而下，那是酿泉。山势回环，沿着山路拐弯，有一座亭子像飞鸟展翅一样高踞于泉上，那就是醉翁亭。建造这座亭子的人是谁呢？是山上的和尚智仙。给它取名的又是谁呢？是太守用自己的别号（醉翁）命名的。太守和宾客们来这儿饮酒，他只喝一点儿就醉了，而且年纪又最大，所以自号“醉翁”。醉翁的情趣不在于喝酒，而在于山水之间。欣赏山水的乐趣，领会在心里，寄托在酒上。

古文今读

在这段话中，“其西南诸峰”的“诸”是“各个”的意思。“蔚然”形容草木茂盛的样子。

“山行”就是“沿着山路走”。注意，名词“山”放到动词“行”的前面，意思不是“山在走”，而是“沿着山路走”，这又是一个名词做状语的例子。“渐闻水声”中的“闻”是“听”的意思。

峰回路转，有亭翼然临于泉上者，醉翁亭也。作亭者谁？山之僧智仙也。名之者谁？太守自谓也。太守与客来饮于此，饮少辄醉，而年又最高，故自号曰醉翁也。

这一段描写了走山路时看到的一座小亭子，还介绍了修亭子的人和给亭子起名字的人分别是谁。

“有亭翼然临于泉上者，醉翁亭也”，意思是有一座亭子像飞鸟展翅一样架在泉上，那是醉翁亭。“翼”是鸟的翅膀，“翼然”形容飞鸟展翅的样子。“作亭者谁？山之僧智仙也。名之者谁？太守自谓也。”建造这座亭子的是谁？是山僧智仙。给它取名的又是谁？是太守用自己的别号“醉翁”命名的。为什么是“醉翁”？作者解释说，太守和客人们来这儿饮酒，他只喝一点儿就醉了，而且年纪又最大，所以自号“醉翁”。年老的男性称作“翁”，比如前文提过的卖油翁。

“故自号曰醉翁也”提到了欧阳修的号——醉翁。古人不光有名，还有字，一般名和字都是家里长辈给起的，名和字的意思往往还有联系。其实古代文人不光有名和字，还常常有“号”。“号”一般是自己取的，往往寄托了自己的理想、志向或者喜好。

“号”的用处很大，不光方便别人叫，而且在写文章、画画署名时都会用。陶渊明号“五柳先生”，苏轼号“东坡居士”，诗人陆游号“放翁”。欧阳修说，因为容易喝醉，所以给自己取号“醉翁”。很多文人一生中有不止一个号，比如欧阳修晚年还给自己取了个号叫“六一居士”，这六个“一”指一万卷书、一千卷金石遗文、一张琴、一局棋、一壶酒，还有他自己——一个老翁。学古文，不仅会碰到古人的名和字，有时候认不出他们的号，就不知道说的是谁。所以，遇到了我们就要留心记住。

下面这句是全篇的文眼，也就是我们现在常说的金句。

醉翁之意不在酒，在乎山水之间也。山水之乐，得之心而寓之酒也。

醉翁的情趣不在于喝酒，而在于山水之间。欣赏山水的乐趣，领会在心里，寄托在酒上。

为什么欧阳修要出门玩耍？不是为了喝酒，而是为了欣赏山水。这里的“山水”，其实是一种借代的修辞手法，它指的是“有山有水的风景”，也就是用部分指代全体。欧阳修不光是单纯欣赏风景，他还在山水之间得到了心灵的慰藉。

别看欧阳修在文章中自称太守，好像是个不小的官儿，其实写这篇文章的时候，他挺倒霉的。欧阳修是北宋的文坛领袖，但因为支持范仲淹的改革主张，被贬到滁州做官，心情肯定比金圣叹等不到晴天要郁闷得多。幸好，有好风景，有酒，有一起游玩的人，在滁州的山水之间，欧阳修的精神得以恢复。

我们再重点看下这句话：有亭翼然临于泉上者，醉翁亭也。

这是一个非常标准的古汉语判断句。有“……者”和“……也”，判断句的两个元素都全了。《史记·陈涉世家》里第一句“陈胜者，阳城人也”也是这个句式。“……者，……也”是标准判断句的句式，还有不同的变体。有的只有“也”，比如“鱼，我所欲也”；有的只有“者”，比如“马之千里者，一食或尽粟一石”；还有判断句在句尾连用“者”“也”，比如我们前面讲过的《爱莲说》里有“莲，花之君子者也”。

古文里，“也”字用得非常频繁。我们今天说“我也去”，“也”是放在句子中间当副词。古文里的“也”往往放在句末，表示判断或解释的语气。这种古汉语的判断句式今天已经很少见了，但欧阳修在这篇文章里把它用到了极致。

《醉翁亭记》是我年少时特别偏爱的一篇古文，最大的原因是它读起来抑扬顿挫，有“大珠小珠落玉盘”的感觉。这种声韵上“环佩叮当”的感觉是怎么来的？秘密就是整篇文章有很多判断句，在句末使用了二十一个“也”。同一个句式，从头到尾连用二十一次，长短句搭配，在规整中又有变化，完全不会让人觉得沉闷，这是把文字玩到了极致。

好的文章，不光在纸面上看着美，有画面感，而且读起来有音乐性，《醉翁亭记》都做到了。

东西方的哲学家都关注自然，古希腊哲学家亚里士多德对自然的看法是冷静而理智的，他认为自然是不以人的意志为转移的客观存在。这话听上去有点抽象，简单说就是自然是自然，你是你，自然不会因为你开心或者悲伤就有所改变。但比亚里士多德更早的中国哲学家孔子却说“知者乐水，仁者乐山”。他认为山水跟人的性格有关系。

美国近代思想家、诗人爱默生一生热爱自然，认为人和自然之间存在一种精神上的关系。这和孔子的想法不谋而合。而唐朝的大诗人李白又往前推进了一层，他说“相看两不厌，只有敬亭山”。在李白看来，不光是“我”看不厌敬亭山，敬亭山也看不厌“我”。真可谓山水有情！我们可以说李白是一厢情愿，但这种一厢情愿也让中国人在千百年中不断寄情于山水，得以涵养性情。

古汉语常用语法

特殊句式：判断句

- **有亭翼然临于泉上者，醉翁亭也。**

  有一座亭子像飞鸟展翅一样高踞于泉上，那是醉翁亭。

举一反三

鱼，我所欲也。（《孟子 · 告子上》）

鱼，是我想要的。

莲，花之君子者也。（《爱莲说》）

莲花，是花中品性高洁的君子。

南阳刘子骥，高尚士也。（《桃花源记》）

南阳刘子骥，是一个高尚的读书人。

南冥者，天池也。（《庄子 · 逍遥游》）

南方的大海是一个天然的池子。

学以致用

1. 有的时候我们看风景，更多是为了寻觅一份宁静，在美丽的风景中找到新的自己。你见过哪些令你印象深刻的风景呢？
2. 在你熟悉的古文中，想一想还有哪些不同类型的判断句？

人是社会动物，社会很复杂，

也很有趣。

第五章·社会

15

不当老大也能领导别人吗？

在成年人的社会里，有大大小小的领导者。有的领导者管一个国家的事，有的领导者管一个组织的事，我们在口语里常把领导者叫作“老大”或者“头儿”。

在一个组织里，每个人都得听老大说的话吗？如果不听，会发生什么事呢？我们先来讲一个《韩非子》里的小故事。

师旷撞晋平公

《韩非子》

晋平公与群臣饮，饮酣，乃喟然①叹曰："莫乐为人君，惟其言而莫之违。"师旷侍坐②于前，援③琴撞之。公披衽而避，琴坏于壁。公曰："太师谁撞？"师旷曰："今者有小人言于侧者，故撞之。"公曰："寡人也。"师旷曰："哑！是非君人者之言也。"左右请除④之，公曰："释⑤之，以为寡人戒。"

①喟然：叹息的样子。　②侍坐：陪长辈或地位高的人坐着。　③援：持，拿。
④除：清除，去掉。　⑤释：放，放开。

晋平公跟大臣们一起喝酒，喝得兴起，晋平公于是感叹说："没有比当国君更快乐的事了，只有他的话没人敢违背。"师旷正在旁边陪坐，听了这话，便拿起琴朝晋平公撞去。晋平公连忙收起衣襟避让，琴撞到墙壁上坏了。晋平公说："太师要撞谁呀？"师旷答道："刚才有个小人在一旁胡说八道，因此我要撞他。"晋平公说："说话的是我呀。"师旷说："呀！这不是国君应该说的话。"晋平公左右的人请求除掉他。晋平公说："放了他吧，我要把他的话当作一个警告。"

古文今读

晋平公跟大臣们一起喝酒，酒喝多了，晋平公有点儿得意忘形，觉得自己是一个国家最大的头儿，没有人敢违背自己的意思。这或许是有些人羡慕领导者的原因。他们说的话所有人都要听，通常这种支使别人的权力会让人觉得很满足。而且，领导者通常比普通人挣的钱更多。所以很多人会像晋平公一样，觉得没有比当老大更爽的事了。

"惟其言而莫之违"这句话用了宾语前置，意思是"莫违其言"。"违"是"违背"的意思,它原本的宾语是"其言",也就是"国君的话"。明明四个字就能说清楚的事，古人为什么要造一个这么啰唆的句子呢？当然是为了强调"国君的话"很重要。同样的意思用不同的句式表达，会有微妙的差异。

当时师旷陪晋平公坐着，听到这番话，拿着琴就撞了过去。晋平公拉起衣襟避开，琴撞到墙上坏了。

文中的"衽"指的是衣襟，这个字在古文中很重要，你以后还会看到"右衽"和"左衽"的说法。古人的服装不像我们今天用扣子或拉链，而是用一片衣襟压住另一片衣襟，"右衽"指用左前襟将右襟掩覆于内，"左衽"则相反。在古代，"右衽"指的是中原汉族的服装，而"左衽"通常指的是少数民族的服装。所以古文里常用"左衽"指代少数民族，用"右衽"指代中原汉族。

因为师旷是个盲人，所以尽管他撞向国君的方向，晋平公还是要问他一句，到底要撞谁。

"太师谁撞"又是一个典型的宾语前置疑问句，作宾语的代词"谁"被放在了动词"撞"的前边。《岳阳楼记》里的"吾谁与归"也是这种句式。

春秋时期等级森严，宫廷乐师做出这么冒犯国君的事，是非常大胆的。那师旷会怎么回答呢？师旷说："刚才有个小人在一旁胡说八道，因此我要撞他。"

明明他是朝着国君撞过去，怎么会说是撞一个小人？这就能看出师旷的高明之处了。师旷很不赞成国君说当国君就可以随心所欲这种话，但他巧妙借用了自己的盲人身份：反正看不见，就认定这话不是国君说的，肯定是个小人说的。这既旁敲侧击地批评了国君，又免除了自己的责任。这样的说法能应付过去吗？

晋平公说："说话的是我呀。"师旷说："呀！这可不是国君应该说的话。"

"君人者"三个字里出现了特殊的用法。"者"字是名词的标记，指人或者指物，这里可以翻译成"君人的人"。一个名词放在另一个名词前面，属于词类活用。"君"原本指国君，这里用作动词，指"统治，领导"，"君人者"就是"统治别人的人"。

虽然师旷做了解释，但左右的大臣们还是请求国君惩处师旷。"左右请除之"的"左右"不是指左边、右边的方位，而是指晋平公左右的人，这也是借代的用法，用人所处的方位代指人。

但晋平公说："放了他吧，我要把他的话当作一个警告。"晋平公是个大度的君主，面对师旷的冲撞，不但没有惩罚师旷，还意识到了自己的过失。

"释"的意思是"放"，今天还有个词叫"释放"，"释"跟"放"是同一个意思。卖油翁"释担而立"的"释"也是这个意思。"以为寡人戒"中的"寡人"是古代君主的自称。之前我们也学习过"朕"，这两种说法都是君王的自称，但是“朕”更有权威感，“寡人”就要谦逊得多。

故事里的师旷很神奇。按理说，晋平公是一国之君，可以决定别人的生死，是不折不扣的老大。对比之下，作为臣子的师旷，不但敢用琴撞国君，竟然还用一番话“管住”了他的老大。不当老大，却能影响老大的心理和决策，是不是很厉害？

师旷虽然是个盲人，但他精通音乐，甚至成了晋国的宫廷乐师。在春秋时代，音乐可不是一种娱乐，它是礼仪的组成部分。但宫廷里有那么多乐师，只有师旷能够“管住”他的国君，这可不是靠他精通音乐的本领。史书记载，师旷经常向国君陈述治理国家的策略，他不仅见解深刻，而且非常机智、能言善辩，从故事里你也能感受到这一点吧。

师旷不是老大，却能影响他的国君。他是怎么做到的？总结一下，就是“能管”、“敢管”加“会管”。

1.“能管”是说师旷不仅精通音律，在国家大事上也很有见地；

2.“敢管”是说他不怕君主的权威，大胆说出自己的见解；

3.“会管”是说他很了解他的国君，而且注意跟国君说话的技巧，他不是板着面孔直接教训，而是旁敲侧击，还带点儿幽默。

所以，虽然师旷只是一个盲人乐师，他在春秋时期晋国的内政、外交和军事决策上却发挥了重要作用。因为他能管、敢管、会管，哪怕没有当上老大，他也能领导别人。

回到晋平公这边，为什么他说当国君的好处是能随心所欲，谁也不敢违抗他呢？这大概是因为他手里有军队，有权势，能够决定别人的命运。

国君为什么会有这样的权力呢？早期原始部落的领导者获得权力，往往是靠自己打拼出来的。部落里那个最勇猛、最聪明的人会成为大家的首领，让整个部落生存下去。到了晋平公所处的春秋时代，权力是靠继承得来的。晋平公的爸爸就是国君，一般国君去世或年纪大了，就会把国君之位传给他的孩子。而在现代社会，大多数国家的领导者都是投票选举出来的。

领导者有替大家做决定的权力，但做了决定，就要承担相应的责任和后果。一个普通人给自己做决定，比如买一件衣服，如果不喜欢了可以不穿。但领导者的决定影响就要大得多，会产生什么样的后果，三国时期诸葛亮的《出师表》里有一句话表达得很清楚：

亲贤臣，远小人，此先汉所以兴隆也；亲小人，远贤臣，此后汉所以倾颓也。

这句话的意思是，亲近贤臣，疏远小人，这是前汉兴盛的原因；亲近小人，疏远贤臣，这是后汉衰败的原因。《出师表》是诸葛亮写给国君的奏章，他在奏章里讲述了国君的行为与国家命运的联系。有意思的是，诸葛亮也不是蜀国的“老大”，但他用自己的方式主导着蜀国的政治和军事决策。

如果你也有一群经常一起玩的小伙伴，是不是有一个人会决定大家去哪里玩、怎么玩，甚至要不要接受一个新伙伴，而其他人会心甘情愿地跟随他？这就是领导者的魅力。

古汉语常用字

释之，以为寡人戒

放

释

举一反三

庖丁释刀（《庄子·养生主》）

释担抽利刃（《聊斋志异·田七郎》）

古汉语常用语法

词类活用：名词用作动词

君人者

统治

举一反三

公将鼓之（《曹刿论战》）

击鼓进军

策之不以其道（《马说》）

用马鞭驱赶

腰白玉之环（《送东阳马生序》）

腰间佩戴

特殊句式：否定句宾语前置

•惟其言而莫之违。

只有他的话没人敢违背。

举一反三

古之人不余欺也！（《石钟山记》）

古人没有欺骗我！

三岁贯女，莫我肯顾。（《诗经·魏风·硕鼠》）

多年辛勤伺候你，你却对我不照顾。

修辞手法：借代

•左右请除之

（晋平公）左右的人

举一反三

黄发垂髫，并怡然自乐（《桃花源记》）

黄发，老年人头发由白转黄；垂髫，古时童子未冠者头发下垂。指代老人与儿童。

沙鸥翔集，锦鳞游泳（《岳阳楼记》）

指美丽的鱼。

伛偻提携，往来而不绝者（《醉翁亭记》）

伛偻：弯腰曲背，这里指老年人；提携：指被大人搀扶着走的小孩子。

学以致用

1. 当领导者好还是当追随者好，说说你的看法吧。

2. 这一讲我们学习了宾语前置的否定句，你还知道哪些类似“太师谁撞”的句子？

16

人为什么非得上班？

爸爸妈妈要工作，你长大了也要工作，你想过人为什么要工作吗?

工作的确是一件很辛苦的事。中国第一部诗歌总集《诗经》中有一首诗叫作《伐檀》，专门描写了工作的辛苦。下面我们一起来学习其中的第一段。

伐檀（节选）　　《诗经》

坎坎伐檀兮，置之河之干兮。河水清且涟猗。不稼不穑①，胡取禾三百廛②兮？不狩不猎，胡瞻尔庭有县③貆④兮？彼君子兮，不素餐⑤兮！

①穑：读 sè，收割谷物，泛指耕作。　②廛：读 chán，通“缠”，即捆。，
③县：通“悬”，意为悬挂。　④貆：读 huán，幼小的貉。　⑤素食：不劳而食，白吃饭。

砍伐檀树声坎坎啊，棵棵放倒堆河边啊。河水清清微波转哟。不播种来不收割，为何三百捆禾往家搬啊？不出狩来不打猎，为何见你庭院貉子悬啊？那些老爷啊，不会白吃闲饭啊！

古文今读

伐木是很辛苦的工作，在《诗经》形成的时期，人们没有电锯，只能拿斧子一下一下地砍树。为什么要把砍倒的木头放到河岸边呢？我猜是为了让河水把木头带到下游去，这个办法很聪明吧？

不稼不穑，胡取禾三百廛兮？不狩不猎，胡瞻尔庭有县貆兮？

我们先来学习“稼、穑、狩、猎”这四个字。“稼、穑”这两个字都是禾字旁，说明它们都跟庄稼有关，“稼”是耕种谷物，“穑”是收割谷物。“狩”和“猎”都是反犬旁，犬是人们狩猎时的助手，这两个字都跟打猎有关。种庄稼和打猎，是古时的人们最主要的工作。而且那个时候，人们要非常辛苦地劳作，才能勉强维持生活。

不过，这首诗里却说有的人不去工作，还拿走了别人的工作成果。“彼君子兮，不素餐兮”，那些大老爷啊，不会白吃闲饭啊！这是一句反话，那些拿走别人劳动果实的人，明明就是吃白食。

请注意这段诗中的人物在情绪上的变化。开始的时候，砍木头是愉快的。因为砍木头的人既听到了有节奏的砍木头的声音，又看到了清清河水泛起的微波。有工作，就会有收获，当然能让人心情愉悦。不过，这种愉快的情绪，很快就被愤怒取代了。因为他们劳动的果实，被那些不干活的人拿走了。

为什么有人能拿走别人的劳动果实呢？春秋时期有君子，也有小人。君子指贵族，小人指平民。贵族拥有财产和特权，他们不做种庄稼、砍树这样的体力活儿，而是驱使别人为他工作。

不过，即便是贵族，也有必须要做的工作，并不是真的躺着吃白食。他们需要管理自己的封地，当天子或者国君发动战争时，他们也有义务去打仗。

我们熟悉的孔子就是个小贵族，他的第一份工作是个看管仓库的差事。关于工作，他也说过一段话：

富而可求也，虽执鞭之士，吾亦为之。如不可求，从吾所好。

孔子说："财富如果真的可以求得，即使为他人服役，我也去干。如果求不到，那还是做我自己喜欢的事吧。"

你发现没有，孔子其实很实际。"执鞭"的字面意思是为人驾驭车马，意谓给他人服役，这是很低等的工作。可孔子说，只要薪水高，这样的工作他也愿意去干。

这就是工作的真相。即使在现代，大部分人去工作也都是为了赚取一份薪水，用来养活自己和家人。而且，就算努力工作，薪水还不一定高。但你可别小瞧这样的工作，它就是平凡人生活的意义。在现实生活中，很少有那种"钱多事少离家近"的工作。

那薪水低的工作做不做呢？孔子说："如不可求，从吾所好。"如果薪水不高，他就干个自己喜欢的、感兴趣的工作。

孔子跟一般人不太一样，他既敢大大方方承认自己追求高薪水，但也希望可以做自己喜欢的工作。你可能会疑惑，真的有人喜欢工作吗？我们怎样才能从工作中找到乐趣和享受？要回答这个问题，就一起来学习《庖丁解牛》这个故事吧。故事的主人公只是一位厨师，他是怎么看待自己的工作的呢？

庖丁解牛（节选）

《庄子》

今臣之刀十九年矣，所解数千牛矣，而刀刃若新发于硎[①]。彼节者有间[②]，而刀刃者无厚；以无厚入有间，恢恢乎其于游刃必有余地矣！是以十九年而刀刃若新发于硎。虽然[③]，每至于族，吾见其难为，怵然为戒，视为止，行为迟，动刀甚微。謋然[④]已解，如土委地[⑤]。提刀而立，为之四顾，为之踌躇满志，善刀而藏之。

①硎：读 xíng，磨刀石。　②间：空隙。　③虽然：即使这样。
④謋然：骨肉分离的声音。謋，读 huò。　⑤委地：散落在地上。

如今我的刀已经用了十九年，所宰的牛有几千头了，但刀刃锋利得就像刚在磨刀石上磨好。牛身上的骨节有空隙，而刀刃很薄；用很薄的刀刃插入有空隙的骨节，宽宽绰绰，那么刀刃的移动必然是有余地的啊！因此，十九年来，刀刃还像刚在磨刀石上磨好的一样。即使这样，每次碰上筋骨交错的地方，我知道难对付，就提醒自己要小心，眼睛不敢眨，手脚不敢快，下刀的动作非常轻。哗啦一声，骨肉分离，肉像泥土一样散落在地上。我提起刀站着，举目四望，感到悠然自得、心满意足，然后把刀擦干净，收了起来。

古文今读

这个故事的主人公叫庖丁，“庖”是他的职业——厨师，“丁”是他的名字，跟我们前面介绍过的“弈秋”相似。

“今臣之刀十九年矣，所解数千牛矣”，连用了两个“矣”，此处“矣”相当于“了”，表示动作已经完成了。刀用了十九年了，牛也宰了几千头了，但刀刃还是像在磨刀石上新磨好的。这可不简单，他是怎么做到的？

牛的骨节间是有空隙的，而刀刃是很薄很薄的。用薄薄的刀插进有空隙的骨节中，刀刃在里面游走时还有余地，所以十九年了，刀刃还是像新磨好的一样。成语“游刃有余”就出自这个故事，形容做一件事情轻松自如。

既然这么熟练了，是不是每次闭着眼睛就能轻松地把工作做好呢？并不是。

文中的“虽然”与现代汉语略有差别，不能理解成“虽然……但是……”中的“虽然”，而应译为“即使这样”。丁厨师说：“每次碰上筋骨交错的地方，我知道难对付，就提醒自己要小心，眼睛不敢眨，手脚不敢快，下刀的动作非常轻。哗啦一声，骨肉分离，肉像泥土一样散落在地上。”“委地”就是散落在地上，在古文里常常出现。

你看，做了十几年游刃有余的工作，丁厨师还是不敢掉以轻心，而是非常认真地对待。这种战战兢兢的状态让我想起苹果公司的创始人乔布斯，他在美国斯坦福大学演讲时说了一句名言：“Stay hungry, stay foolish（求知若饥，虚心若愚）。”这同样说的是人应该对工作有敬畏之心。

下面一句是重点，这是我最喜欢的工作状态。

提刀而立，为之四顾，为之踌躇满志，善刀而藏之。

我提起刀站着，举目四望，感到悠然自得、心满意足，然后把刀擦干净，收了起来。这绝对是一个顶尖匠人对工作状态最生动的描述——很小心，又很骄傲。

人为什么非得工作？我认为，如果达到丁厨师这样的境界，哪怕只是一个负责宰牛的厨师，在意的也不仅仅是薪水。“踌躇满志”这个成语形容一个人悠然自得、心满意足的样子，并不一定是因为这个人打了胜仗，或者做了很了不起的大事，而也可能是像本文中的丁厨师一样，是从宰牛的专业工作中获得了尊严和满足。

古汉语常用字

通假字

- **胡瞻尔庭有县貆兮？**

通“悬”，悬挂。

县

举一反三

学而时习之，不亦说乎？（《论语·学而》）

通“悦”，愉快。

寒暑易节，始一反焉（《列子·汤问》）

通“返”，往返。

学以致用

请你跟父母聊聊他们的工作，听听他们从工作中获得了什么。有没有类似庖丁解牛的得意时刻？

17

为什么要正确对待金钱？

我猜你一定有自己的零花钱。我小的时候，只有很少的零花钱，攒好久才可以买一本自己喜欢的书。书上说要“视金钱为粪土”，说过分看重金钱会让人堕落。真的是这样吗？

这一讲我想介绍一位“视金钱为粪土”的古人，他就是魏晋时的王衍。

王夷甫雅尚玄远

《世说新语》

王夷甫雅尚玄远，常嫉[1]其妇贪浊，口未尝言“钱”字。妇欲试之，令婢以钱绕床，不得行。夷甫晨起，见钱阂[2]行，呼婢曰：“举却阿堵物！”

①嫉：憎恨。　②阂：阻碍，阻隔。

王衍十分崇尚超逸清远的境界，常常憎恨妻子贪婪污浊，说话从来不提“钱”字。妻子想试探他，让婢女用钱把床绕起来，让他无法走路。王衍清晨起床，看到钱挡住了路，高声呼喊婢女：“把这些东西拿走！”

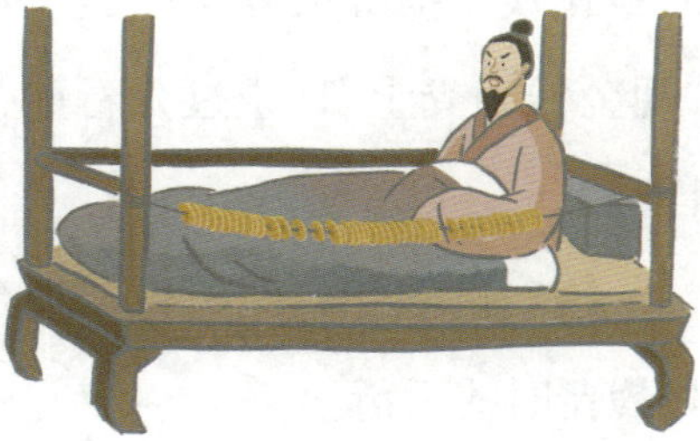

古文今读

王夷甫就是王衍，“夷甫”是他的字。你可能对这个名字很陌生，但他的堂哥你肯定认识，就是前文中不肯摘路边苦李子的王戎。他们王家在魏晋时代很有势力。魏晋南北朝的时候，社会上兴起了清谈玄理的风气。热衷于清谈玄理的人，总是喜欢说一些高深遥远的哲学问题，而不屑于说柴米油盐这些俗事。王衍就是这么一个人，所以这段古文一开头就评价他“雅尚玄远”，说他特别清高。王衍清高到什么程度呢？“口未尝言‘钱’字”，他连说话都不提“钱”这个字。

王衍娶了一个跟他很不一样的妻子，“常嫉其妇贪浊”，即王衍常常憎恨妻子贪婪污浊，注意这个“嫉”字，它不是我们常说的“嫉妒”的意思，而是“憎恨”。成语“嫉恶如仇”里的“嫉”也是这个意思。

这个特别贪钱的妻子不相信丈夫可以不说“钱”这个字，所以她想试探一下。趁着王衍在睡觉，她让婢女拿钱绕在床边上，想让王衍无法下床走路。王衍早晨起床，看见钱挡住了路，就招呼婢女说：“把这些东西拿走！”

王衍不愿意说“钱”字，就用“阿堵物”代替。有意思的是，因为《世说新语》中的这个故事，“阿堵物”从此便成了钱的代名词。

只要有钱做中介，就能方便地实现交换。《史记·货殖列传序》里就说到了姜太公在他的封地鼓励民众交换，使齐国变得非常富裕的故事。

货殖列传序（节选）　　《史记》

故太公望封于营丘，地潟卤①，人民寡，于是太公劝其女功②，极技巧，通鱼盐，则人物归之，繦至而辐凑③。故齐冠带衣履天下，海岱之间敛袂④而往朝焉。

①**潟卤：** 读 xì lǔ，土地含有过多的盐碱成分，不适宜耕种。
②**女功：** 即女红，指妇女所做的纺织、刺绣、缝纫等事。
③**繦至而辐凑：** 繦，读 qiǎng，指穿钱的绳子，引申为穿好的钱串。辐凑，辐条凑集于车轮的中心，比喻人或物集聚在一处。
④**敛袂：** 整理衣袖，表示恭敬。

姜太公被封在营丘，那里的土地都是盐碱地，人口很少，于是姜太公鼓励妇女纺线织布，尽力施展她们的技巧，让鱼和盐流通起来，民众和物资便流向此地，就都像钱穿成一串、车轮辐条凑集于中心那样聚集在一处。齐国产的帽子、腰带、衣物、鞋子这些纺织品因此行销天下，东海和泰山之间的小国国君都恭恭敬敬地来齐国朝拜。

古文今读

太公望就是姜子牙，如果你读过《封神演义》的故事，应该对姜子牙很熟悉了，还有个跟他有关的歇后语叫“姜太公钓鱼——愿者上钩”。大家尊称他“太公望”，是因为求贤若渴的周文王曾对他说：“吾先君太公望子久矣！”意思是“我的父亲太公盼望您很久了”。姜太公因此被周文王拜为太师，助其兴周伐纣。后来齐地被分封给姜太公，他在那里建立了齐国（都城为营丘）。但是，这个地方的条件可真不怎么好。“地潟卤”，即土地都是盐碱地。营丘在今天山东淄博一带，靠近海边，土地很容易盐碱化。因为土地条件不好，所以人口也很少。有这么多不利条件，怎么办？

于是，姜太公就让鱼盐流通起来。但是光靠资源够不够呢？不够，还得发挥人的作用，姜太公又鼓励“女功”。女性心灵手巧，纺线织布很在行，这也很有用，毕竟人除了吃饭，还要穿衣服嘛。

姜太公这么做果然颇有成效。“则人物归之，繦至而辐凑”这句话中的“归”是“归附、归向”的意思，“百川归海”的“归”也是这个意思。

鱼和盐流通了起来，于是人口和货物都流向这里。人和物是怎么来的？后一句的描述很生动——“繦至而辐凑”。“繦”指穿钱的绳子，这里引申为穿好的钱串。“辐凑”的“辐”是车轮上的零件，车轮最中间的部分叫轮毂，插入轮毂支撑轮圈的细条就是“辐”，满圈的车辐都会汇集在轮毂处。

这一句中还出现了特殊的用法，“至”和“凑”都是动词，它们前面的“繦”和“辐”是名词，在这里是名词作状语。“繦至而辐凑”逐字翻译就是“像钱穿成一串、车轮辐条凑集于中心那样聚集于一处”。从这里你就能体会到古汉语的简洁之美，古人只用了五个字，就一下子让“人物归之”的场面显得特别鲜活生动。

人口和货物都来了，“故齐冠带衣履天下”，即因为有了前面的努力，齐国产的帽子、腰带、衣物、鞋子这些纺织品行销天下。这里的“天下”是名词用作动词，意思是“卖到各处”。

还有“海岱之间敛袂而往朝焉”。“海”是东海，“岱”是泰山，这是说，东海和泰山之间的小国国君都整理好衣袖恭恭敬敬地来齐国朝拜。你看，“袂”字又出现了。“敛袂”是整理衣袖，古人是宽袍大袖的装束，拜见别人的时候要整理衣袖表示恭敬。

在姜太公的治理下，齐国虽然土地贫瘠，但发挥了自己的优势，不仅换回了需要的物产，还增加了人口。

人有不同的天赋，有的人种地很厉害，有的人养鱼很厉害，有的人打铁很厉害。种地的人粮食吃不完，拿去换鱼和锄头，就能过得更好。人类最早的交换方式是以物易物，可是这样非常不方便，所以后来发明了货币。在历史上，人们曾用贝壳等充当货币，后来发展出金属货币，比如中国古代的铜钱，再后来又出现了纸币。为了要提供别人需要的产品，人们不断改进和提高自己的技术，这个世界就会一点一点地进步。

我们讲了王衍“视金钱为粪土”的故事，也讲了姜太公治理齐国、鼓励商品流通的故事。从社会运转的角度来看，金钱还是相当有用的。

古汉语常用字

- 令婢以钱绕床，不得行（走）

行

举一反三

月色入户，欣然起行（《记承天寺夜游》）

于是天子乃按辔徐行（《史记·绛侯周勃世家》）

文学常识

阿堵物

解释： 即钱。“阿堵”为当时的口语，意思是“这个”。“阿堵物”就是“这个东西”。

拓展： 中国古代对钱的别称还有“孔方兄”“上清童子”等。

学以致用

谈谈你对金钱的看法。如果你有了钱，最想做什么事？又有哪些事情是花钱也做不了的？

美德不是说什么，

而是做什么。

第六章 · 美德

18

什么是真正的勇敢？

每个人都有害怕的东西。你害怕什么？丑陋的虫子？夜晚的黑暗？当众表演节目？没准备好的考试？独自待在家里？这一讲我们先讲个捉蛇的故事。这个故事出自《搜神记》,《搜神记》是一本东晋时期的志怪故事集。

李寄斩蛇（节选）　　《搜神记》

寄乃告请好剑及咋蛇犬。至八月朝，便诣庙中坐，怀剑，将犬，先将数石米糍，用蜜麨灌之，以置穴口。蛇便出，头大如囷，目如二尺镜，闻糍香气，先啖食之。寄便放犬，犬就啮咋，寄从后斫得数创[1]。疮痛急，蛇因踊出，至庭而死。寄入视穴，得其九女髑髅，悉[2]举出，咤言曰："汝曹怯弱，为蛇所食，甚可哀愍。"于是寄女缓步而归。

①创：创伤，伤口。　②悉：全部。

李寄就请求官府赐给她一把锋利的好剑和一条能咬蛇的猎狗。到了八月初一那天，她便带着剑，牵着狗，来到庙中坐下。她预先把几石糯米蒸饼拌上蜜和麸，放在蛇洞口。大蛇爬出洞外，头大得像个圆形谷仓，眼睛大得像两面二尺阔的铜镜。蛇闻到糯米蒸饼的甜香气味，就先大口吞食起来。李寄立即放出猎狗，猎狗冲上前咬住大蛇。李寄又从后边用剑砍伤了蛇。蛇伤口剧痛，猛然跃了出来，窜到庙中院子里死掉了。李寄进洞一看，发现了九个女孩的头骨。她从洞中把这些头骨全拿出来，痛惜地说："你们这些人软弱胆小，结果被蛇吃掉了，真是可怜啊。"说完，李寄就缓步回家去了。

古文今读

这个故事发生在一座叫庸岭的大山里，山中有一条巨蛇，长七八丈。而且大蛇托梦给人，也吩咐巫祝，说要吃十二三岁的女孩。连县官也没办法，只好找婢女生的女孩，或者罪犯家的女孩，每年八月初一就把女孩送到大蛇的洞口。这样接连好多年，已经有九个女孩被蛇吃掉。

这一年，人们怎么都找不到献祭给大蛇的女孩。有户姓李的人家生了六个女孩，最小的叫李寄。李寄跟父母说她愿意给大蛇做祭品。家里人说什么也不同意，但李寄偷偷溜走了。李寄这个女孩子，不光胆子大，还很有谋略。原来她并不是去蛇洞里送死的，而是准备除掉这条可怕的大蛇。她这么一个弱小的女孩子，怎么可能斗得过大蛇？自然不能强攻，只能智取。

李寄做了充分的准备工作。首先，她弄到了一把锋利的好剑和一条能够咬蛇的狗。“咋”的意思是“咬”，“咋蛇犬”就是“能够咬蛇的狗”。

到了八月初一，李寄就到庙里坐着。“怀剑，将犬”是说“怀里抱着剑，手里牵着狗”。“怀”在这里是动词，意思是怀抱。“将”指手的动作，可译为拿或持，具体怎么翻译要看搭配什么对象，比如这个故事里的“将犬”可以译成“牵着狗”。

有剑和狗就够了吗？李寄还准备了一样东西，那就是糯米蒸饼，她将蜜和麨拌在糯米蒸饼里，放在大蛇的洞口。

注意“以置穴口”这句话，翻译成“把它放在大蛇的洞口”，句中“以”后省略了一个“之”字，这个“之”代指前文的蒸饼。省略句也是古文中常见的句式，跟在介词“以”“为”后面的宾语如果在前面出现过，就经常会被省略。

蛇闻到香气从洞里爬了出来，头像谷仓那么大，眼睛有二尺阔的铜镜那么大。这当然是夸张的写法，世界上最大的蟒蛇的头和眼睛也没有这么大。蛇先吃了蒸饼。你知道李寄为什么会用甜甜的糯米蒸饼，而不是用肉去引诱蛇出洞吗？如果你吃过粽子，就知道糯米蒸饼是特别黏的，蛇咬了蒸饼后牙会被粘住，没法再张嘴咬人。李寄这个办法实在太聪明了！趁着这个机会，“寄便放犬，犬就啮咋，寄从后斫得数创”。这些动作一气呵成，先是放狗咬蛇，吸引它的注意力，然后李寄从后面用剑砍蛇，一下子砍伤了好几处。“创”在古文里的意思就是“创伤、伤口”。

因为伤口痛得厉害，蛇从洞里爬了出来，窜到开阔的地方死了。

蛇被砍死后，李寄走进蛇洞里，找到了九个女孩子的头骨。“髑髅”就是“骷髅”，指的是死人的头骨。但李寄的胆子真大，她把这些女孩子的头骨全都搬到了洞外。

随后李寄慨叹说：“你们这些人软弱胆小，结果被蛇吃掉了，真是可怜啊。”在她看来，真正可怕的不是凶残的蛇，而是人心的软弱。“汝曹”的意思是“你们”，“汝”是第二人称代词，“曹”表示“辈”，合起来就是“你们这些人”。

但李寄只是在说那九个送了命的女孩软弱吗？我想不是，她还指那些因为害怕大蛇就把无辜的女孩子送来喂蛇的官员。

这个故事里并没有提到李寄怕不怕蛇。我记得小时候第一次听父亲讲这个故事时，第一反应真的就是害怕。你可不要笑我胆小，其实人对蛇的恐惧再正常不过了。

德国的心理学家做过实验，就算是六个月大的婴儿，看到蛇和蜘蛛的图片时，瞳孔都会放大，这是本能的恐惧。婴儿根本没见过蛇和蜘蛛，爸爸妈妈肯定也没来得及告诉他蛇很危险。婴儿之所以有这样的反应，说明这是植入人类基因里的本能。人类在原始丛林里生活的时候，蛇是很危险的敌人。有的人害怕黑夜，甚至晚上不愿意关灯睡觉，也是同样的原因。对于生活在丛林中的人类来说，夜晚充满了危险。遇到危险时，感到恐惧害怕就会躲、会逃。而能够逃避危险，是生存的必要条件。恐惧其实是一种保护机制。

一般人连普通的蛇都会怕，更何况是这么凶残的巨蛇呢？我宁可相信，李寄也很害怕。很多次我的脑海中都闪现过李寄抱着宝剑，牵着狗，在巨蛇洞口前等待的画面。那一刻，她大概既害怕又充满了勇气吧。

巨蛇当然很可怕，但是如果能战胜它，就再也不会有别的女孩子被送到蛇洞里了。李寄意识到自己在为一项光荣的任务而战斗，心中涌现巨大的力量，战胜了本能的恐惧。况且李寄有勇有谋，不是白白去送死。她准备了宝剑、猎犬和糯米蒸饼，每一样东西都在她与巨蛇搏斗时发挥了作用。

那么，怎样才能战胜恐惧呢？

首先你要认真想一想，你害怕的事是不是真的很危险。如果是从两层高的台子上往下跳，这本来就很危险，就算你害怕，也没什么好害羞的，害怕也是一种强大的武器。但如果没有真正的危险，比如你要在全校同学面前发表演讲，想起台下几百个人都在看着你，不由得手心出汗，声音颤抖，那你不妨学学李寄，做好充分的准备。比如你可以把演讲稿背得更熟练一些，也可以在好朋友面前多练习几次。

勇敢固然是让人佩服的美德，但我也想告诉你，勇敢的反面——恐惧，对人类同样有价值。

学以致用

1. 你有没有过这样的经历，曾经害怕去做一件事，但最终想办法战胜了恐惧。分享一下你的故事吧！
2. 找到古文里省略主语或宾语的句子，试着写下来。

19

老实人会不会吃亏？

期末考试时，你打开卷子一看，作文题目恰好是你两周前在练习时写过的。这时你是暗暗高兴，还是会老老实实告诉老师，这个题目你做过？

我们来读读《梦溪笔谈》中的故事，看看宋代的大词人晏殊遇到这样的情形时是怎么做的呢？

晏元献诚实不隐（节选）　《梦溪笔谈》

晏元献公为童子时，张文节荐之于朝廷，召至阙下[①]。适值御试进士，便令公就试。公一见试题，曰："臣十日前已作此赋，有赋草尚在，乞别命题。"上极爱其不隐。

①**阙下：**宫阙之下，代指帝王所居的宫殿，也代指京城。

晏殊年少时，张文节曾把他推荐给朝廷，朝廷召晏殊到京城。正赶上殿试，皇帝就命晏殊也参加考试。晏殊见到试题，说："臣十天前已作过这篇赋，草稿还在，请另外命题。"皇帝非常喜欢他坦诚不隐瞒。

古文今读

晏元献就是晏殊，“元献”是他的谥号，也就是说，这个称呼是他过世之后才有的。“童子”就是儿童，故事发生的时候晏殊年纪不大，那时他就已经是很有名的神童了。于是地方官张文节就把他推荐给朝廷，朝廷把晏殊召去了京城。

当时正赶上殿试，皇帝就让晏殊参加殿试。中国古代的科举制度规定，考生要一级一级考上去，到了殿试，也就是终极考试的时候，只剩下为数不多的人，一般由皇帝亲自主持。殿试最早是武则天创置的。殿试的第一名，就是我们都很熟悉的“状元”。

对晏殊来说，这可是一个大好机会，他不但被张文节推荐给了朝廷，还一下子跳级参加了殿试。殿试的内容类似于写作文，大家比赛写同一个题目。

晏殊一见试题，就说：“臣十天前已作过这篇赋，草稿还在，请另外命题。”“臣”就是“我”，官员或百姓面对皇帝的时候要自称“臣”。你还记得皇上怎么自称吗？有“朕”和“寡人”等称法。读古文你会发现，表示“我”的说法特别多，不同的人，不同的场合，都会用不同的称谓。这种差别是中国古代礼仪的一部分。

一般人拿到这样的题目，肯定非常开心。在这么重要的考试中押中题，岂不是很容易胜过别人？但晏殊竟然老老实实说自己写过了。故事里没告诉我们皇帝换没换题目，但说“上极爱其不隐”，皇帝非常喜欢他不隐瞒。

晏殊这个人老实，不是一次两次这样，后来，皇帝亲自批示让他担任东宫官员。东宫是古代太子居住的宫殿，东宫官就是辅佐太子的官员。皇帝当面告诉他，听说别人都去游山玩水吃喝享乐，只有他每天不出门，老老实实跟兄弟们读书，所以很欣赏他，才让他做东宫官员。谁知晏殊还是老老实实地说：“我并不是不喜欢宴会游乐，我也想玩，就是特别穷，没钱去。”听他这样说，皇帝更欣赏他了。

你看，做一个老实人，晏殊并没有吃亏，他深得皇帝信任，后来一直做到了宰相。

对皇帝要诚实，那么，父母对小孩子是不是也应该说实话呢？《韩非子》里就记载了一个妈妈答应杀猪给孩子吃的故事。

曾子杀彘　《韩非子》

曾子之妻之市，其子随之而泣。其母曰："女[1]还，顾反为女杀彘[2]。"适市来，曾子欲捕彘杀之。妻止之曰："特与婴儿戏耳。"曾子曰："婴儿非与戏也。婴儿非有知也，待父母而学者也，听父母之教。今子欺之，是教子欺也。母欺子，子而不信其母，非以成教也。"遂烹彘也。

①女：同"汝"，你。　②彘：猪。

曾子的妻子要去集市上，她的儿子跟在她后面哭。曾子的妻子对儿子说："你先回去，等我回来后杀猪给你吃。"妻子从集市上回来，看到曾子打算抓猪来杀。妻子马上阻止他说："我只不过是跟小孩子开玩笑罢了。"曾子说："不能跟小孩子开玩笑。小孩子什么都不懂，只是学习父母，听从父母的教导。现在你欺骗了他，就是在教他骗人。母亲欺骗儿子，儿子就不会再相信母亲了，这不是正确的教育方法啊。"于是曾子把猪杀掉煮着吃了。

古文今读

原来古今的妈妈都一样，哄不好孩子的时候，就会向孩子许诺各种各样的事情。今天的妈妈会说："别哭啦，我给你买蛋糕，给你买玩具。"古代的妈妈就说："我杀猪给你吃。"听到这样的话，你会不会相信？

妻子从集市上回来，看到曾子打算杀猪。你看，至少曾子相信了，他准备要杀猪。妻子马上阻止他说："我只不过是跟小孩子开玩笑罢了。"

但曾子说："不能跟小孩子开玩笑。小孩子什么都不懂，只是学习父母，听从父母的教导。现在你欺骗了他，就是在教他骗人。母亲欺骗儿子，儿子就不会再相信母亲了，这不是正确的教育方法啊。"于是曾子把猪给杀了。在曾子的坚持下，妻子给孩子的许诺兑现了。

这个特别老实的曾子是谁？他是孔子很喜欢的学生，我们学习过的"吾日三省吾身"就是他说的。曾子在孩子的教育方面，真是一个特别有原则的人。今天你可能随时能吃到肉，不觉得有什么特别，但在古代，养殖技术很不发达，养一只猪非常不容易。别说两千多年前了，我小时候在农村生活，很多农民家里一年只养一头猪，要等到过年杀猪的时候才有肉吃。小时候我听到“曾子杀猪”的故事，曾经很是忧心过一阵子：曾子家过年的时候该怎么办?

因为妻子的一句玩笑话，曾子就把家里的猪杀了，真是一诺千金。你觉得曾子这么做亏不亏？可能从小老师和父母都教育过你，做人要诚实，不要说谎。但是他们有没有告诉过你，人为什么要诚实？如果我诚实，但别人不诚实，那我会不会吃亏？你的担心很有道理。

人是社会动物，不管在原始社会的部落、传统社会的家庭中，还是在今天我们生活的现代城市，人只有通过跟别人合作，才能更好地生存。在合作过程中，你会遇到诚实守信的人，也会遇到骗子。人们用合同、法律、道德来约束那些损害别人利益的欺诈行为，但即使这样，也不能完全避免。有些人甚至通过欺诈获得了很多利益。

那我们还要做一个诚实的人吗？我的选择是肯定的。虽然我也没法保证自己百分之百不说谎，有时候，一个人在环境的压力下甚至需要说出善意的谎言，但我还是选择做一个尽可能诚实的人。我在跟别人合作的时候，如果对方也是诚实的，我们就能更好地信任彼此。如果我发现对方欺骗了我，我就调整策略，不再跟这个人合作，就算是吃一次亏，损失也是有限的。久而久之，我的身边自然会吸引越来越多诚实守信的人。所以从长远来看，诚实是一种更好的生存策略。

古汉语常用字

●曾子之妻之市，其子随之而泣

（助词）的　（动词）去　（代词）曾子的妻子

之

举一反三

曾子欲捕彘杀之（《韩非子·外储说左上》）

（代词）猪

妻止之曰："特与婴儿戏耳。"（《韩非子·外储说左上》）

（代词）曾子

古汉语常识

第一人称代词

在古文中，不同的人，不同的场合，会用不同的第一人称代词。这种差别是中国古代礼仪的一部分。

谦称

●君王专用

桓侯曰："寡人无疾。"（《韩非子·喻老》）

● 普通人用

愚以为匈奴不可击也（《史记·刘敬叔孙通列传》）

臣十日前已作此赋（《梦溪笔谈·人事》）

唐谢曰："鄙人不知忌讳。"（《史记·张释之冯唐列传》）

吾日三省乎吾身（《论语·学而》）

余闻之也久（《伤仲永》）

予观夫巴陵胜状，在洞庭一湖（《岳阳楼记》）

文学常识

殿试

中国古代科举考试中由皇帝亲自主持的考试。
殿试第一名称"状元"，第二名称"榜眼"，第三名称"探花"。

学以致用

也许你还听过郑板桥的这句话："吃亏是福。"你怎么看"吃亏是福"这句话呢？

20

什么情况下该原谅别人？

假如有人冒犯了你，你会选择放过他，还是报复他？这一讲我们就来读一读被别人冒犯的故事。

廉颇蔺相如列传（节选）　《史记》

廉颇闻之，肉袒负荆，因宾客至蔺相如门谢罪，曰："鄙贱之人，不知将军宽[1]之至此也。"卒相与欢[2]，为刎颈之交。

①宽：宽宏，宽厚。　②相与欢：彼此交好。

廉颇听说了这件事，光着上身，背着荆条，由宾客引领到蔺相如家大门口谢罪，他说："我是个粗鄙的人，不知道将军您竟宽厚到了这地步。"最终两人交好，成了生死与共的好友。

古文今读

这个故事发生在战国时期的赵国。蔺相如是个读书人，而廉颇是个战功赫赫的武将。但是蔺相如因为在一场外交活动上机智应答，没让秦国占到好处，立了很大的功，回国后就被封为上卿，比廉颇地位更高。

廉颇很不服气，他觉得自己攻城略地，劳苦功高，蔺相如不过是个书生，话说得漂亮罢了，而且出身非常低微，凭什么一下子就比自己高了一头。廉颇咽不下这口气，于是公开表示：看见蔺相如时，一定要当面侮辱他。蔺相如听说了，干脆就躲着廉颇，上朝的时候也常常说自己生病，不跟廉颇站在一起争位子。出门看见廉颇的车子，也让自己的车避开。

这下蔺相如的门客可受不了了，他们觉得廉颇这么欺负人，蔺相如却胆小怕事，跟着他大家都觉得很丢人，甚至说想辞职不干了。那蔺相如是怎么化解这个危机的呢？

蔺相如问他的门客廉颇和秦王谁厉害，大家说当然是秦王更厉害。蔺相如说："秦王那么有威势，我都敢呵斥他，羞辱他的大臣，我怎么会害怕廉将军呢？只不过强大的秦国之所以不敢攻打我们赵国，就是因为我跟廉将军都在，如果我们争斗起来，必有一伤。我这是把国家的安危放在个人恩怨的前面。"

你看，蔺相如之所以没有跟冒犯他的人发生冲突，是因为有国家利益在前。而且，他最终还跟廉颇成了好朋友。

廉颇认错的态度很诚恳，他不光是嘴上说说，而且有所行动。他光着上身背着荆条，来到蔺相如家大门口，这是什么意思？这就是公开道歉，请求蔺相如惩罚他。

两个人“卒相与欢，为刎颈之交”。经过了这场风波，蔺相如不但原谅了廉颇，没有惩罚他，还跟他成了生死之交，这也成了历史上的一段佳话。

廉颇对蔺相如说“不知将军宽之至此也”，这里的“宽”字，不是指物理上的宽度，而是指心胸宽阔。这样的人才能够原谅别人的过失。

历史上还有一个著名的“绝缨之宴”，楚庄王宴请群臣，宴会正进行时，蜡烛突然灭了，大殿一片漆黑，就有人趁机拉扯美人的衣服。

美人是楚庄王的妃子，她伸手扯断了无礼之人的帽缨，希望楚庄王能够惩罚他，但楚庄王却说“奈何欲显妇人之节而辱士乎”，楚庄王认为，是他宴请群臣，让他们喝醉了以至于失礼，怎么能为了显示妇人的气节而羞辱大臣呢？于是楚庄王对大臣们说“不绝冠缨者不欢”，这样就没有人知道这个无礼的人是谁，楚庄王也彻底原谅了这个冒犯美人的人。

人都不可避免地会犯错，甚至冒犯别人，那什么时候该原谅别人呢？从这两个小故事，我们能得出两点结论。

一种情况是，虽然有意冒犯别人，就像廉颇这样，但当他发现了自己的错误后，能够负荆请罪，真心实意地认错，这样的人是可以被原谅的。

另一种情况是，有过失的人不完全是要故意伤害别人，情况也不是太严重，就像楚庄王的宴会上拉扯美人衣服的那个人。当然，并不是喝醉了酒就可以不负责任，尤其是酒后醉驾，即使没有撞到人，也是违法行为。

古汉语常用语法

特殊句式：反问句

- **奈何**欲显妇人之节而辱士乎？

  怎么能为了显示妇人的气节而羞辱大臣呢？

举一反三

若躇步跐蹈，终日在地上行止，奈何忧其坏？（《列子·天瑞》）

你行走踩踏，整天都在地上活动，为什么还要担心地会陷下去呢？

何夜无月？何处无竹柏？（《记承天寺夜游》）

哪一个夜晚没有月亮？哪个地方没有竹子和柏树？

文学常识

缨

意思是绳子、带子，古时男子戴的帽子上两条垂下来的带子，系帽子用。

学以致用

1. 你有过犯错或者原谅他人的经历吗？说一说吧！
2. 廉颇和蔺相如的故事包含了两个成语，请问是哪两个？

别着急下结论，

要知道每个人心里有不同的衡量标准。

第七章 · 价值

21

『假的』就一定不好吗？

听到这个问题，你可能有点困惑，你肯定知道“假”的反义词是“真”，既然我们都肯定“真、善、美”，就很容易觉得“假”是不好的。

别急着下结论。先来看一则很有趣的故事。

楚人有担山鸡者　《笑林》

楚人有担山鸡者，路人问曰："何鸟也？"担者欺之曰："凤皇也。"路人曰："我闻有凤凰久矣，今真见之，汝卖之乎？"曰："然[①]。"乃酬千金，弗与[②]；请加倍，乃与之。方[③]将献楚王，经宿[④]而鸟死。路人不遑惜其金，惟怅不得以献耳。国人传之，咸以为真凤而贵，宜欲献之，遂闻于楚王。王感其欲献己也，召而厚赐之，过买凤之直十倍矣。

①**然：**好啊，表示同意。　②**弗与：**不给。　③**方：**刚刚。　④**宿：**一夜。

楚国有个人用担子挑着山鸡，路人问："这是什么鸟？"挑山鸡的人骗路人说："是凤凰。"路人说："我早就听说过有凤凰，今天真的见到了。你卖吗？"挑山鸡的人说："卖啊。"路人给他千金，他不卖；要求路人加倍出价，这才卖给他。路人想将山鸡献给楚王，结果过了一夜，山鸡死了。路人不可惜自己花费了重金，只可惜不能把它献给楚王。楚国人纷纷传说，都以为那是真的凤凰，才值得花那么多的钱买来献给楚王，于是楚王听说了这件事。楚王因为路人要把凤凰献给自己而感动，于是把路人召去，重重地赏赐了他，路人得到的钱比买山鸡付出的钱多了不止十倍。

古文今读

故事里这个担着山鸡的人，发现路人不认识山鸡，就开始骗他。路人根本不知道自己上当受骗了，还花费重金买下了这只山鸡。你肯定觉得这只假凤凰让可怜的路人白花了那么多钱，当然是件坏事。

但比买了一只假凤凰更可悲的是，这个路人想把“凤凰”献给楚王，结果才过了一夜，山鸡竟然死了。“宿”这个字很有意思，甲骨文中的“宿”很形象，是一个人睡在席子上。所以，从甲骨文的字形就能看出来，它的本义是“过夜”，后来引申出“一夜”的意思。“经宿而鸟死”的意思是经过一夜鸟死掉了。山鸡为什么会死？山鸡是生活在山林里的鸟，野生的鸟儿被人一下子抓住，受了惊吓，很容易死掉。路人当然很难过了。不过，他难过的并不是自己白花了钱，而是他不能把“凤凰”献给楚王。你看，这个人并不认识凤凰，他只是一心一意想要把好东西献给楚王。

故事说到这儿，你可能觉得这个路人有点儿笨，那么容易上当，而且山鸡还死了，没有比他更倒霉的人了。但故事很快发生了反转，大家并没有看到那只死去的山鸡，但因为路人花了那么多钱才买下它，于是都以为那是一只真凤凰，所以那么贵，应该献给楚王。“咸”这个字在古文中的意思很特别，它不是指我们今天熟悉的咸味，而是指“全部、都”，“咸以为”就是“都以为”。大家都在传这件事，于是传到楚王耳朵里了，楚王因为路人要把凤凰献给自己而感动，就把路人召去，重重地赏赐了他，赏赐的钱比他当初买假凤凰花的钱多了不止十倍。

你看，这个路人因为不认得山鸡，花大价钱买了一只假凤凰，但因为这只假凤凰，他竟然得到了楚王的重金赏赐。读完这个故事，你还能说假的一定不好吗？

别忘了，凤凰虽然是假的，但路人花的千金却是真的，他是真的想把神鸟献给国君。山鸡死了，他也没有去找楚王哭。如果你是楚王，听到这个故事是不是也挺感动的？

或许你已经发现了，在现实世界中，既有真的东西，也有假的东西。而且不光真的东西有价值，有时假的东西也一样有价值。路人买的固然是只假凤凰，但世界上并没有真凤凰，毕竟它只是人们想象出来的一种鸟。

中国古代有一本记录神奇动物的《山海经》，其中有一段记载："有鸟焉，其状如鸡，五采而文，名曰凤皇。"这么看来，路人看到一只长着彩色羽毛的山鸡就把它当成凤凰，也是有一定道理的。

因为凤凰这种鸟是想象出来的，所以在传说的过程中增添了越来越多神奇的色彩，庄子在一篇文章中也曾提到凤凰的高傲：

非梧桐不止，非练实不食，非醴泉不饮。

不是梧桐树就不停下来歇息，不是竹子结的果实就不吃，不是甘甜的泉水就不喝。而且，它所到之处都会吉祥平安。你能在各种中国民间的绘画、装饰和建筑物上看到凤凰翩翩起舞的样子。

你可能会好奇，谁也没见过真正的凤凰是什么样子，那人们怎么把虚构的凤凰画出来呢？这倒不难。下面我们来读一个韩非讲的关于怎么画鬼的故事。

画鬼最易

《韩非子》

客有为齐王画者。齐王问曰："画孰最难者？"曰："犬马难。""孰易者？"曰："鬼魅最易。"夫犬马，人所知也，旦暮罄[1]于前，不可类之，故难。鬼魅，无形者，不罄于前，故易之也。

①罄：显现。

有个外来的画师给齐王作画。齐王问他："什么最难画？"画师说："狗和马最难画。"齐王说："什么容易画？"画师说："鬼怪最容易画。"狗和马人人都知道，每天都出现在人们面前，画得不像谁都能看得出来，所以难画。鬼怪是无形的，人们都没有看过它们，所以很容易画。

古文今读

这段话比较容易懂，我就解释几个特别的词。“旦暮罄于前”的“罄”在这里是“显现”的意思。另外要注意这里出现了一个很简单的字，“夫犬马，人所知也”，这个“夫”要读二声，是古文里特有的发语词。所谓发语词，就是敲了一下黑板，表示“现在我要发议论了”。这种用法的“夫”在古文中经常出现，如果在句子的开头看到“夫”字，一般都是这种用法，翻译的时候不用译出来。

有些词，就像“夫”，是古文的习惯用法，翻译的时候不必译出来。但有些词，比如省略了的宾语或主语，为了让句子更明白、通顺，翻译时就要补进来。这也是古文翻译的一个难点。多揣摩，看看省略了什么，又应补充什么。这也是增强语感的一种方法。

回到这个故事里，韩非认为，画没见过的东西比较容易。画鬼是这样，画凤凰也是这样，反正大家没见过，所以画画的人就可以凭自己的想象，可以把凤凰画成头像锦鸡、脖子像蛇、翅膀像仙鹤、尾巴像孔雀的鸟。但你知道吗？每个朝代的凤凰都有不同的特点。不过，正因为没见过真的凤凰，人们见到这个形象的时候，就能认出来它并不是真实存在的，而是假的。

有一句话叫“耳听为虚，眼见为实”。但实际上，分辨真假没那么简单，人的耳朵和眼睛也会欺骗自己。一个人智慧的增长，也体现在获得的辨别真假的能力上。

古汉语常用字

·经宿而鸟死

宿：过夜，引申为“一夜”

举一反三

渍经三宿，漉出《齐民要术·水稻》

宿

·咸以为真风而贵

咸：全、都

举一反三

村中闻有此人，咸来问讯《桃花源记》

当今之时，世咸嘉生而恶死《史记·孝文本纪》

咸

学以致用

1. 读完这一讲，你对真和假的认识跟以前有没有什么不同？

2. 这一讲说到了发语词——表示议论开始的“夫”，在你读过的古文里，还有没有同样用法的“夫”？欢迎写下来。

22

美丑到底谁说了算？

你一定读过童话故事《白雪公主》吧？王后总是站在魔镜前问它："镜子啊镜子，谁是世界上最美丽的人？"魔镜一直都说是王后。然而有一天，公正的镜子突然告诉她："白雪公主才是世界上最美的女人。"

中国古代也有一个爱照镜子还喜欢问谁更美的人，而且是个男人。只不过，他问的不是魔镜，而是身边的人。那么他问到的人，会不会像魔镜一样公正呢？

邹忌讽齐王纳谏（节选）

《战国策》

邹忌修八尺有余，而形貌昳丽。朝服衣冠，窥镜，谓其妻曰："我孰与城北徐公美？"其妻曰："君美甚，徐公何能及君也？"城北徐公，齐国之美丽者也。忌不自信，而复问其妾曰："吾孰与徐公美？"妾曰："徐公何能及君也？"旦日[1]，客从外来，与坐谈，问之客曰："吾与徐公孰美？"客曰："徐公不若君之美也。"明日徐公来，孰视之，自以为不如；窥镜而自视，又弗如远甚。暮寝而思之，曰："吾妻之美我者，私[2]我也；妾之美我者，畏我也；客之美我者，欲有求于我也。"

①旦日：第二天。　②私：偏爱。

邹忌身高八尺多，容貌光艳美丽。他早晨穿戴好衣帽，照着镜子，对妻子说："我和城北徐公相比，谁更美？"妻子说："您非常美，徐公怎么比得上您？"城北的徐公是齐国的美男子。邹忌不相信自己比徐公美，于是又问他的妾："我和徐公相比，谁更美？"妾回答说："徐公哪比得上您？"第二天，有客人从外面来拜访，邹忌与客人相坐而谈，问他："我和徐公比，谁更美？"客人说："徐公不如您美。"次日，徐公来了，邹忌仔细地看他，自认为不如徐公美；再照镜子看自己，更是觉得自己与徐公相差甚远。晚上他躺在床上时想这件事，说："我的妻子认为我美，是偏爱我；妾认为我美，是害怕我；客人认为我美，是有求于我。"

古文今读

邹忌是战国时期齐国人，身高八尺多，相貌美丽。早晨，邹忌穿好衣服戴好帽子，照了一下镜子。服装的“服”，原本是个名词，在“朝服衣冠”中活用为动词，指“穿戴”这个动作。

邹忌对他妻子说：“我和城北徐公相比，谁更美？”这里的“孰与”是一个表示比较的固定搭配，“我孰与城北徐公美”这句话，邹忌后面还会问好几遍。

他的妻子说：“您非常美，徐公怎么比得上您？”这个徐公是谁呢？作者解释了：“城北徐公，齐国之美丽者也。”看到“者”“也”连用，你应该知道这是判断句了。城北的徐公，是齐国的美男子。今天我们一般不用美丽形容男子，但在古代，这个词是男女通用的。

邹忌又问他的妾：“我和徐公相比，谁更美？”妾也说了同样的话：“徐公哪比得上您？”

第二天，有客人来拜访，邹忌跟他相坐而谈，不自信的邹忌竟然又问了一次：“我和徐公比，谁更美？”客人说：“徐公不如您美。”

连着询问了三个人，邹忌都得到了相同的答案。但等徐公来了他家，他在近距离观察比较后，却觉得徐公比自己好看很多。那为什么邹忌之前问过的妻子、妾和客人，都觉得他更好看呢？

到了晚上，邹忌躺在床上想这件事，并分析了其中的原因：“我的妻子认为我美，是偏爱我；妾认为我美，是害怕我；客人认为我美，是有求于我。”

邹忌是个清醒的明白人，不仅没有被别人的美言捧得飘飘然，还能认清事实。

“妻之美我者”中出现了词类活用，“美”是个形容词，但它后面接了宾语“我”，“美我”就是“认为我美”的意思，这是意动用法。我们很熟悉的成语“不耻下问”中的“耻”也是意动用法，意思是“认为……很羞耻”。

不光是形容词，有些名词也会出现后面接宾语的情况。比如《前赤壁赋》里的“侣鱼虾而友麋鹿”，这里的“侣”和“友”都是名词的意动用法，意思是“把鱼虾当作伴侣，把麋鹿当作朋友”。形容词、名词后面接宾语，就有可能是词类活用。我们学习过使动用法，跟意动用法很类似，但对比一下，这句话里的“妻之美我”，不是妻子使我变美了，而是妻子认为我美，这种“认为……怎样”的用法，就是意动用法。至于形容词后面跟宾语时到底是使动用法还是意动用法，还得靠你读更多的古文来积累经验，根据上下文作出判断。

邹忌的这个故事出自《战国策》。战国时有很多政治家为君主效力，提出自己的政治主张，邹忌就是这样的人。他用这个故事打比方，其实是想告诉国君齐威王，不是每个人都会说出真实的看法，劝说齐威王鼓励人们多提批评意见。

你有没有发现这个故事中存在的问题呢？世界上真的有一种评判的标准，像《白雪公主》里的魔镜那样公正，甚至还能衡量出一个人比另一个人美一千倍吗？凭什么邹忌的判断就是正确的呢？美不美，为什么是他说了算呢？

文章开头说了，邹忌身高八尺多，相貌很美。而城北徐公也不差。如果我们搞一次投票，让每个人说出自己认为谁更美，邹忌的妻子、妾和客人当然会把票投给邹忌，但如果有两百个人，甚至两千个或两万个人投票，你能确定大家会把票投给谁吗？反正我不能确定。因为我身边的同事和朋友，对于哪个明星更美，哪件衣服更好看，大家的意见从来都不一致。相信你也碰到过这种情况，比如你想买的新款球鞋，妈妈撇着嘴说难看极了。或者你爸爸喜欢的手机款式，你觉得一点儿也不酷。

一个东西美不美，不是一个事实，而是一种观点，既然是观点，每一个人都有表达不同观点的权利。什么是美，什么是丑，如果人们对此的意见不一致，也是很正常的。

中国式审美讲究对称，因此我们有对联，有对称的建筑。我们喜欢成双成对，但这只是美的一种形式，而不是美的唯一标准。不对称、不平衡也可以是美的。如果你看过广州大剧院或者北京的望京 SOHO 大楼，你会发现这些建筑的设计理念跟故宫那种对称的建筑完全不同。它们都是著名的女设计师扎哈·哈迪德设计的。

英国哲学家罗素有一句很有名的话："参差多态是幸福的本源。"参差就是不整齐。各有各的不同，才是幸福的根本。美不像数学那样，只有唯一一个答案。一万个人都觉得一样东西美，反不如一百种美来得丰富多彩。

关于美，如果我们跟别人的观点发生冲突，该怎么办呢？社会学家费孝通有句话说："各美其美，美人之美，美美与共，天下大同。"尊重不同类型的美，这才是我们应该做的。

古汉语常用语法

意动用法

- **吾妻之美我者，私我也**

意动用法，认为……美

举一反三

故人不独亲其亲，不独子其子（《礼记·礼运》）

以……为亲　以……为子

且庸人尚羞之，况于将相乎？（《史记·廉颇蔺相如列传》）

以……为羞耻

父利其然也（《伤仲永》）

认为……有利可图

特殊句式：选择疑问句

- **我孰与城北徐公美？**

我和城北徐公相比，谁更美？

举一反三

曰："独乐乐，与人乐乐，孰乐？"（《孟子·梁惠王下》）

独自一人欣赏音乐的快乐，与和他人一起欣赏音乐的快乐，哪个更快乐？

孰与君少长？（《史记·项羽本纪》）

他和你的年龄，谁大谁小？

特殊句式：宾语前置

- **忌不自信，而复问其妾**

忌不相信自己比徐公美，于是又问他的妾

举一反三

古之人不余欺也！（《石钟山记》）

古人没有欺骗我。

日月逝矣，岁不我与（《论语·阳货》）

时间流逝，不会等待我。

学以致用

假如朋友非要让你买一件她自己觉得很漂亮，而你并不喜欢的衣服，学了这一讲，你会怎么跟她说呢？

23

没人看到的错还是错吗？

如果有一枚神奇的戒指，只要戴上它就能隐身，无论去哪里、做什么，别人都看不到。你想不想拥有这样一枚戒指呢?

三国时的笑话集《笑林》就记录了这么一个想隐身的人。只不过，让他隐身的不是戒指，而是一枚树叶。这一讲我们就从这个笑话说起。

以叶障目

《笑林》

楚人居贫，读《淮南方》：“得螳螂伺[①]蝉自障叶，可以隐形。”遂于树下仰取叶——螳螂执叶伺蝉——以摘之，叶落树下。树下先有落叶，不能复分别，扫取数斗归。一一以叶自障，问其妻曰：“汝见我不？”妻始时恒答言“见”，经日乃厌倦不堪，绐云：“不见。”嘿然大喜，赍[②]叶入市，对面取人物[③]，吏遂缚诣[④]县。县官受辞，自说本末，官大笑，放而不治。

①伺：观察，守候。②赍：怀着，带着。
③人物：别人的东西。④诣：前往，到。

有个楚国人，生活贫困，读《淮南方》时，看到书里说："螳螂在捕蝉的时候，用树叶遮住自己，就能够隐身。"于是他去树下仰头摘叶子，看到螳螂用叶子挡住自己等待蝉，就去摘那片树叶，但不小心失手，树叶掉落在树下。树下原本有落叶，他无法分辨是哪片叶子，于是扫了好几斗带回去。他把树叶一片片拿起来遮挡自己，问妻子："你看得见我吗？"妻子起初都回答"看得见"，过了一整天，妻子实在不耐烦，就哄骗他说："看不见。"楚人暗自高兴，带上叶子到集市去，当着别人的面偷东西，结果被官吏抓住送到官府去了。县官问他，他便解释了此事的始末，县官听了大笑不止，没治罪就把他放了。

古文今读

有个楚国人，过得很穷。有一次他读《淮南方》这本书，看到书里写着"螳螂在捕蝉的时候，用树叶遮住自己，就能够隐身"，于是他去树下仰头等着摘树叶。那么多树叶，要摘哪一片呢？就是螳螂捕蝉的时候用来遮住自己的那片树叶。

结果，这片树叶落到了树底下，树下已经有许多落叶，分辨不出哪片树叶是螳螂用来遮挡自己的那片了。

于是楚人扫了好几斗树叶拿回家，把树叶一片一片拿起来遮住自己，问妻子说："你看得见我吗？"刚开始的时候，妻子还耐心地回答"看得见"，"经日"就是"过了整整一天"，妻子被烦得无法忍受，就哄骗他说："看不见。""不堪"就是"不能忍受"。

这下，楚人偷偷地高兴起来，他带着树叶进入集市，当着人家的面拿人家的东西。这样旁若无人地偷东西，会怎么样呢？"吏遂缚诣县"，于是官吏就把他绑起来送到县衙里去了。"诣"是个动词，意思是"前往"。《桃花源记》里有一句"及郡下，诣太守，说如此"，也用到了"诣"。"诣太守"就是"到太守那里去"。

这个故事当然是个笑话。但你想过没有，很多时候，我们做错了一件事，心里会感到很害怕，这是为什么呢？

其实，大多数人害怕，是因为犯了一般的错误，比如在图书馆里大声打电话，会引来批评；如果是更严重的错误，比如在街上公然拿别人的东西，很可能会被送到派出所，受到法律的惩处。因为害怕受到惩罚，绝大多数人不敢也不会做坏事。

但是你看，那个楚人也不傻，不会不知道拿人家的东西不对，但因为他觉得树叶能让他隐身，别人看不见，于是什么都不怕了，公然做起了坏事。

楚人被抓起来，当然是因为他拿的树叶不能让他真的隐身。但如果真的有可以让人隐身的戒指或者树叶，人们会不会去做一些平常不敢做的坏事呢？

我敢说，可能很多人都会做。

讲到这里，我想请你认真思考一个问题：人不做坏事，到底是因为清楚地知道对和错，还是因为害怕有人会看见、自己会受到惩罚呢？如果别人没看到，还叫不叫犯错呢？

有些人心里是有一杆秤的。比如《元史》里就记载了学者许衡的一个故事。

许衡不食梨 《元史》

尝暑中过河阳，渴甚[1]，道有梨，众争取啖之，衡独危坐[2]树下自若。或问之，曰："非其有而取之，不可也。"人曰："世乱，此无主。"曰："梨无主，吾心独无主乎？"

①甚：很，表示程度深。　②危坐：端正身体坐着。

（许衡）曾经在盛夏时路过河阳，十分口渴，路旁有梨树，众人都争先恐后地摘梨吃，许衡独自端正地坐在树下，安然如常。有人问他（为什么不吃），许衡说："摘不属于自己的梨，这可不行。"那人说："现在时局混乱，这些梨没有主人。"许衡说："梨没有主人，我的心难道也没有主人吗？"

古文今读

有一年，许衡在夏天经过河阳，口渴得厉害。路边有梨树，众人争着去摘果子吃。“尝”字我们已经很熟悉了，意思是“曾经”。古文里说到一件发生过的事时，常常会用到这个字。“渴甚”就是很渴。古文里表示程度很深的“甚”字大多放在形容词的后面，而今天表示程度深的“很”要放在形容词的前面。大热天当然很容易口渴，看到路上有梨，大家自然就去摘梨解渴了。“啖”的意思是“吃”，苏轼有一首夸赞荔枝的诗，写到“日啖荔枝三百颗，不辞长作岭南人”，就用到了这个“啖”字。

可许衡却端端正正地坐着，就像平常一样。“危坐”可不是说“很危险地坐着”，而是指端正身子，表示恭敬。有个成语叫“正襟危坐”，就是指整理好衣服端正地坐着，形容一个人严肃或者拘谨的样子。从“危坐”这个小细节里，你就能发现许衡是个很严肃的人。

说到这儿，你一定想起王戎的故事了，这两个人很像，都是在别人摘路边果子的时候表现得无动于衷。王戎认为道旁的李子既然没人摘，那肯定很苦。可许衡为什么不和别人一起去摘梨呢？有人问他，许衡回答说：“摘不属于自己的梨，这可不行。”那人就说了：“现在时局混乱，这些梨没有主人。”

我们今天有个词叫“主心骨”，说一个人有主心骨，就是说这个人有自己的判断，不会轻易被外界的声音影响。许衡就是这样一个人。面对没有主人的梨，只要心里认为它不属于自己，就不去动它；即使别人一拥而上，自己还是端端正正地坐在那里，不为所动。

你可能有点疑惑，这样的人真的存在吗？也许只是古文里写的书呆子吧。但这样的人和事，我也遇到过。我读大学的时候，需要做田野调查，导师带我们去全国各地实习。工作结束的时候，大家会把所有的调查资料打包并寄回学校。那时候还没有快递上门服务，要把东西都搬到邮局去寄。本来要一起寄几十个人的资料，但我的导师会专门把他的私人信件挑出来，跟邮递员说："这一封我单独付钱。"其实他不说的话，没有人知道那是一封私人信件。但老师却十分自然地这么做了。我很庆幸在自己成长的道路上，遇到过这么好的老师。

古文里有一个词叫作"慎独"，指的是把外在的约束转化成内在的信念。不光在公开的场合不做错事，即使在没有人监督的情况下，也不做坏事。这是境界很高的君子，许衡就是这样的人。

所以，我们怎么判断一件事是不是错的？我们可以思考做这件事的后果，被人看见后自己会不会受到惩罚。很多时候，大部分人就是这样判断对错的。这没有什么不好，人类社会在很大程度上都是靠这种约束才能够运转，我们还有法庭、警察和监狱，用于保证社会的正常运转。但也有一些人在判断对错时会遵从自己的内心。

许衡就是这样的人。"梨无主，吾心独无主乎？"他摘不摘路边的梨和有没有人看见没有关系，他遵循的是自己内心的原则。有一个成语叫"问心无愧"，这里的"心"不是指心脏，而是指人的思想和意识。许衡这样的人，就算拥有一枚可以让他隐身的戒指，恐怕也不会做什么坏事，这不是所有人都能做到的。但我们"虽不能至，心向往之"，即使不能马上达到这样的境界，也要在心里向往它。

文学常识

正襟危坐

出处：《史记 · 日者列传》

释义：整理好衣襟，端正地坐着，形容严肃或拘谨的样子。

慎独

出处：《礼记 · 中庸》

释义：“慎”指小心谨慎，随时戒备。“独”指独处，独自行事。闲居独处时，行为仍然谨慎不苟且。“慎独”是儒家的道德准则。

学以致用

没人看到的错事还是错的吗？学完这一讲，也许你的心里已经有了答案。那么，你有过打破规矩的经历吗？说说你的故事吧！

24

什么是真正的公平？

在上一讲中，我们说到了许衡不摘路边梨子的故事。梨是一种很常见的水果，中国栽种梨树的历史十分悠久，超过三千年。不过，说到中国文化里关于梨的故事，最著名的就是“孔融让梨”了。

孔融让梨

《后汉书·孔融传注》

年四岁时，每与诸兄共食梨，融辄①引小者。大人问其故，答曰："我小儿，法②当取小者。"由是宗族奇之。

①辄：总是。　②法：法则，规则。

孔融四岁时，每次与哥哥们一同吃梨，他总是挑个儿小的梨，大人问他原因，孔融说："我是最小的孩子，按理应当拿个儿小的梨。"因此，宗族亲戚们都觉得孔融不同寻常。

古文今读

孔融是东汉末年的文学家，孔子的二十世孙。这个故事非常简单，后来还被编进了《三字经》，总结为“融四岁，能让梨”。

孔融四岁的时候，跟他的几个哥哥一起吃梨，孔融总是拿个儿小的。“辄”这个字我们在《醉翁亭记》里见过，“饮少辄醉”的“辄”是“立即、就”的意思。不过，在本文的这句话里，“辄”的意思是“总是”。通常大家都喜欢个儿大的水果，孔融却主动拿小的，这种做法就有点奇怪了。大人问他原因，孔融回答说：“我是最小的孩子，按理应当拿个儿小的梨。”于是，宗族里的人都觉得孔融不同寻常。这里“奇之”的“之”是个代词，指孔融。“奇”是意动用法，意思是宗族的人认为孔融这么做很不同寻常。

其实，孔融大概不会觉得自己有什么奇特之处，他说“法当取小者”，“法”是“法则，规则”的意思。一直以来，我们把这个故事称作“孔融让梨”，这个“让”字其实用得不对。所谓“让”，就是把原本属于自己的东西让给别人。但是，按照孔融理解的规则，他是小孩，理应吃小梨，这很公平。

有兄弟姐妹的人一定深有体会，孩子们之间经常会发生冲突和争吵。我有一个妹妹，从小父母就教育我要让着妹妹，而且拿孔融让梨这个故事来教育我。但我小时候觉得很委屈：“凭什么大孩子要让着小孩子？孔融还觉得大梨应该给哥哥呢。”

或许你也遇到过类似的情形，无论是一个梨、一块蛋糕、一个新玩具，还是一次在全校活动中登台的机会，其实我们在意的不是那样东西或那件事，而是公平。

这是小孩子的幼稚吗？并不是这样，其实追求公平是深藏在人类底层意识里的偏好。为什么这么说？有一个叫作“最后通牒游戏”的心理实验证明了这一点。

为了便于理解，我把这个实验简化了一下。实验要求两个人参与，让他们分一百块钱，规则是这样的：一个人负责提方案，想怎么分都可以，而另一个人负责做决定。如果第二个人同意分配方案，两人就可以分钱；如果不同意，那么两个人都没钱拿。就这么简单。

按理说，对那个做决定的人来说，哪怕只分到一毛钱，也比不接受方案拿的钱多。但是，这个实验在全世界做过很多次，很多时候，如果负责提方案的人给自己留的钱太多，另一个人会非常生气，出于报复就会不同意该方案，宁可自己一分钱不拿，也绝不让对方拿更多，结果谁也拿不到钱。从这个实验里，你能看出人们多么在意公平。

其实早在两千年前，中国的哲学家孔子，也就是孔融的先祖，就已经意识到人们都有追求公平的愿望，我们一起来看看他是怎么说的。

季氏将伐颛臾（节选）

《论语》

丘也闻有国有家者，不患[1]寡[2]而患不均，不患贫而患不安。盖均无贫，和无寡，安无倾。夫如是，故远人不服，则修文德以来之。既来之，则安[3]之。

①**患**：忧虑。　②**寡**：少。　③**安**：使动用法，使……安定。

我孔丘听说，无论是诸侯还是大夫，不担心人口少，而担心财富分配不均匀；不担心贫穷，而担心境内不安定。若是财富分配公平，就无所谓贫穷；国家和平，人口就不会少；境内安定，国家就不会有倾覆的危险。做到这样，远方的人还不归服，就用文治教化让他们归服。他们来了，就要使他们安定下来。

古文今读

这段话出自《论语》。颛臾是地名，孔子听说鲁国的大夫季氏将要攻打颛臾这个地方，非常不满，于是发表了这番言论。

古人自称及称呼晚辈的时候，一般直接用名就可以，但表示对别人的尊重时，要称呼字。“丘”是孔子的名，此处是他自称。春秋时期，周天子统治天下，诸侯有国，大夫有家，这里的“国”“家”指封地，所以“有国有家者”指的是诸侯和大夫,这又是名词化的“者”字结构。

孔子在这里对比了两组概念，“寡”和“不均”，“贫”和“不安”。在孔子生活的时代，生产力水平低，经济极不发达。但即便如此，孔子仍然认为，手握权力的人应该注重公平，不用担心财富和人口不多，而应该担心财富分配不公平、国家不够安定。财富分配公平，就无所谓贫穷；国家和平，人口就不会少；境内安定，国家就不会有倾覆的危险。注意“盖均无贫”中的“盖”字,是表示即将展开议论的发语词。孔子的观点是:只要财富分配公平、社会和平安定，民众就能安居乐业。

财富公平分配和国家安定的目标实现了以后，统治者还应该注意什么呢？孔子认为：如果这个目标实现了，远方的人还不归服，就再用文治教化让他们归服。他们来了，就要使他们安定下来。

在孔子看来，公平是关乎国家安定和发展的大问题，他觉得诸侯、大夫都应该特别重视这一点。

我们不妨回过头去想想孔融让梨的故事，孔融是怎么说的？“我小儿，法当取小者。”孔融的意思是：大孩子吃大梨，小孩子吃小梨。

你注意到孔融和他的先祖孔子的差别了吗？孔子说的是“结果公平”，而孔融说的是“规则公平”，大人拿大份，小孩子拿小份。一个重结果，一个重规则，你更赞同谁的说法呢？

梨子大小有差异，每个人的能力也有很大的差别。比如有的人天生跑得快，同样跑一百米，我就算拼命地练习，也不可能跟世界冠军跑得一样快。

但是，比赛的时候，我跟世界冠军站在同一条起跑线上，发令枪响时我们同时出发，这是公平的。虽然拿冠军的人不是我，我也不会觉得不公平。在现代社会中，我们更在意的是机会的均等和规则的公平。

其实，绝对的公平很难实现，不公平是非常常见的。对你来说，现实就很不公平：小孩子没办法跟大人一样。先别急着抱怨，要知道，这种不公平也是因为你的能力有限。你需要不断成长，拥有更多的能力，才能行使更多的权利。

古汉语常用语法

意动用法

- 宗族**奇**之
  以……为奇

举一反三

邑人奇之，稍稍宾客其父（《伤仲永》）
以……为宾客

渔人甚异之（《桃花源记》）
以……为异

发语词

- **盖**均无贫
  表议论

举一反三

夫天地者，万物之逆旅也（《春夜宴从弟桃花园序》）

夫如是，故远人不服，则修文德以来之（《论语·季氏》）

学以致用

在公平的原则下，你觉得应该怎么对待能力弱的人？比如老师讲课时，要不要照顾功课不太好的孩子？该由谁制定公平的规则？

理解了幸福、死亡和爱，

就了解了生命的意义。

第八章 · 终极追问

25

幸福是一种什么感觉？

幸福人人都想要，但到底什么是幸福？怎么才能得到幸福？这真的很难说清楚。

你觉得什么是幸福？大热天运动后喝一瓶清凉的可乐？跟朋友们一起愉快地聊天？看自己喜欢的电影？打游戏的时候没有妈妈在一旁絮叨？想象一下，如果一直让你做这些事，你还会觉得幸福吗？

幸福好像没这么简单。

神童诗（节选）　汪洙

久旱逢甘霖，他乡遇故知[①]。洞房花烛夜，金榜题[②]名时。

①故知：老朋友。　②题：写。

干旱了很久后，天突然下雨了，身在他乡时遇到了老朋友。结婚的大喜日子的那一晚，还有考试考出好成绩，名字被写在榜单上的时刻。

古文今读

这里列举了四件让人觉得幸福的事情。但这是能让人感到幸福的事，并不是幸福本身。两者有什么差别吗？就拿金榜题名来说，同样是榜上有名，但如果一个人期望自己中状元，而最后只得了探花，这个人就会觉得很失望，不会感到幸福。

所以，幸福是一种主观感受，不同的人会为不同的事感到幸福。

比如，明代有一个人叫陶石梁，他觉得世间最幸福的事情是读书。

陶石梁曰："世间极闲适事，如临泛游览、饮酒弈棋，皆须觅伴寻对，惟读书一事，止须一人，可以竟日，可以穷年。环堵之中而观览四海，千载之下而觌面古人，天下之乐，无过于此。而世人不知，殊可惜也。"

为什么陶石梁觉得读书乐趣无穷呢？

试想一个人坐在屋子里便能纵览四海、走遍天下，能与相隔千年的古人会面和对话。所谓"环堵"，指的就是屋子，这是怎么来的呢？"环"是"环绕"，"堵"是"墙壁"，墙壁围起来可不就是屋子吗？"观览四海"和"觌面古人"这两个短句结构相同，每一句里两个动词的意思也相同，"观"和"览"都是看，"觌"和"面"都是"相见，会面"的意思。

说到这儿，你会发现我们在短短几句话里遇到了很多意思相近或者相同的字："觅伴寻对"的"觅"和"寻"，"竟日穷年"的"竟"（意为完、尽）和"穷"。在现代汉语里，"寻觅""穷尽"已经组成词了。这是汉语一个很大的变化。古汉语中单音词占大多数，一个字就相当于一个词，比如日、月、山、水。但发展到现代，汉语变成以双音词为主，而且一部分双音词中的两个字意思差不多。

接下来咱们继续说陶石梁的幸福观。他觉得读书能让人打破空间和时间的局限，所以天下没有比读书乐趣更大的了，世间的人却不知道这一点，实在是可惜！

读书当然很有乐趣，而且是陶石梁眼中最大的幸福，一个人就能享受。但这仅仅是陶石梁的观点，你可以赞同，也可以反对。比如明末的大才子金圣叹，他的幸福就有很多种。我们曾经讲过在持续一个月的阴天之后，天突然放晴了，金圣叹觉得“不亦快哉”，而他的快乐不止这一种，他连写了三十三件让他感到“不亦快哉”的事情。我带你来读一读其中的几件。

夏日于朱红盘中，自拔快刀，切绿沉西瓜。不亦快哉！

子弟背诵书烂熟，如瓶中泻水。不亦快哉！

久客得归，望见郭门，两岸童妇皆作故乡之声。不亦快哉！

本不欲造屋，偶得闲钱，试造一屋，自此日为始，需木，需石，需瓦，需砖，需灰，需钉，无晨无夕，不来聒于两耳。乃至罗雀掘鼠，无非为屋校计，而又都不得屋住，既已安之如命矣。忽然一日屋竟落成，刷墙扫地，糊窗挂画。一切匠作出门毕去，同人乃来分榻列坐。不亦快哉！

这段话的意思是：

夏天在朱红色的盘子里，拔出快刀，切绿沉沉的西瓜。多么快活！

孩子背书背得烂熟，就像从瓶子里往外倒水一样。多么快活！

出门很久终于可以回家，看见家乡的城门，两岸的孩子和妇女都说着家乡话。多么快活！

本来不想造房子，偶尔得了闲钱，就试着造房子。从那天开始，需要木头、石头、砖瓦、泥灰、钉子，这些杂事从早到晚都在耳边絮叨。以至于抓麻雀和老鼠，都是为了这间新房子，而麻雀老鼠又都没屋子住了，过阵子也就安心了。忽然有一天房子竟然落成了，于是刷墙扫地、糊窗挂画。等到所有的工匠都完工离去，大家进屋按座次坐好。多么快活！

父母看到孩子成才，感到欣慰和满足，这是责任带来的幸福。回到家乡，听到熟悉的乡音，觉得很亲切，这是有归属感的幸福。

金圣叹亲手从头到尾造一所房子，过程虽然很麻烦，但能在新房子造好的那一天享受自己的劳动成果，这是创造的幸福。

看完这些让人“不亦快哉”的事，你有什么感触吗？比起陶石梁觉得只有读书这一件事是天下最幸福的，金圣叹的幸福是不是要多得多？

他甚至还写下一条：“看人风筝断，不亦快哉！”

看见别人的风筝断了也开心？你会不会觉得这是幸灾乐祸？但是，人通常对痛苦很敏感，对幸福却往往视而不见，需要用对比来提示我们。比如你像往常一样坐在快餐店吃一份炸鸡，并不觉得自己很幸福，但这时候走进来一位盲人，你立即就体会到身体健全也是一种幸福。

我们很容易不幸福，只要想想那些自己没有的东西、做不到的事情，就足以痛苦半天了，但只要学会欣赏自己拥有的，幸福就在你的眼前。

学以致用

1. 不管是陶石梁独一份儿的幸福，还是金圣叹各种“不亦快哉”的幸福，希望都能引发你对幸福的思考。你能不能说说自己对幸福的理解呢？

2. 我们讲到了“穷尽”“游览”这种用两个相同意思的字组成的词语，你还知道哪些像这样的词语？

26

什么是真正的爱？

在最后一讲，我想跟你谈谈“爱”。这个词的范围似乎很宽泛，那么到底什么是爱？

在回答这个问题之前，我们先来读一个《庄子》里的寓言故事。

鲁侯养鸟

《庄子》

昔者海鸟止于鲁郊，鲁侯御①而觞②之于庙，奏《九韶》以为乐，具太牢以为膳。鸟乃眩视忧悲，不敢食一脔，不敢饮一杯，三日而死。此以己养养鸟也，非以鸟养养鸟也。

①**御：**驾马车。 ②**觞：**敬酒。

从前，有只海鸟落在鲁国都城郊外，鲁侯命人驾车把它迎接到宗庙里供养起来，向它敬酒，演奏《九韶》给它听，提供牛羊猪的肉给它吃。结果海鸟头晕眼花，忧愤悲伤，一块肉也不敢吃，一杯酒也不敢喝，过了三天就死了。这是因为鲁侯是在用他自己享乐的方式来养鸟，而不是按照鸟的生活方式来养鸟。

古文今读

从前，有一只海鸟落在鲁国都城郊外。大概这是一只谁也没见过的鸟，所以连鲁国的国君都知道了。鲁侯命人驾车迎接它，把它供奉在宗庙里，还给它敬酒。觞是古代的一种酒器，“觞之于庙”里的“觞”是名词活用为动词，意思是“敬酒”。另外，在庄子生活的时期，“庙”不是指今天的宗教场所，而是供奉祖先的地方，也就是宗庙。鲁国的国君就在供奉祖先的宗庙里给海鸟敬酒。古文中“于”这个介词后常常跟着地点和方位，但通常放在动词后面。今天我们翻译时要把地点挪到动词的前面，译为“在宗庙里给海鸟敬酒”。

《九韶》是周代的雅乐，它有多高级？《论语》里记载过：“子在齐闻《韶》，三月不知肉味。”就是说，孔子在齐国听了一次《九韶》的演奏，沉迷得三个月都吃不出肉的滋味来。鲁国的国君就是给海鸟听这么高雅的音乐。

“膳”就是饭，拿什么给海鸟吃？给的是牛羊猪的肉。鲁君对鸟这么好，那鸟觉得怎么样？海鸟头晕眼花，忧愤悲伤，不敢吃一块肉，不敢喝一杯酒，过了三天就死了。

这就奇怪了，鲁国的国君明明对这只鸟非常好：用车子迎接它，在宗庙里向它敬酒，演奏高雅的音乐给它听，拿高级的祭品给它吃。一个国君能想到的好东西，恨不得全都给了它。但鸟为什么死了？“此以己养养鸟也，非以鸟养养鸟也”，这句话其实给我们分析了海鸟死去的原因：鲁国的国君是用自己享乐的方式来养鸟，而不是按照鸟的生活方式来养鸟。

鲁国的国君很爱这只海鸟，但他用自己享乐的方式爱鸟，反而把鸟害死了。这样的爱是不是真正的爱？如果把鸟换成人，一个人受到这样的对待，是不是就很幸福了呢？

想想看，如果父母这么对待孩子，给他吃最好的食物，穿最漂亮的衣服，上学放学用车接送，不让孩子干家务，让孩子随便玩手机，还给很多零花钱，你是不是很羡慕？

如果你看过动画片《千与千寻》，就知道里面的魔女汤婆婆就用这样的方法养了一个宝宝：把他藏在柔软的垫子里，用很多温柔的话哄他。结果怎么着？宝宝变成一个巨大的婴儿，肚子饿了靠人喂，不高兴只会哭，连路都走不了。

动画片里的汤婆婆有强大的魔法，但即便如此，她也不能永远照顾她的宝宝。在现实世界里，没有人能长生不老，孩子总有一天不得不与父母分离，如果那时候他才发现自己根本无法独立生存，这样的爱，他还想要吗？

在你的生活里，我想不光有爸爸妈妈爱你，还有很多人也爱你，比如你的爷爷、奶奶、姥姥、姥爷。那你是否觉得，自己理所当然地享受他们的爱就好了？

孟子可不同意。他觉得，只有爱别人的人，才能得到长久的爱。

孟子曰："君子所以异于人者，以其存心也。君子以仁存心，以礼存心。仁者爱人，有礼者敬人。爱人者，人恒爱之；敬人者，人恒敬之。"

在孟子看来，君子与一般人不同的地方，在于他内心所怀的信念不同。君子内心所怀的信念是仁，是礼。仁爱的人爱别人，有礼的人尊敬别人。爱别人的人，别人也永远爱他；尊敬别人的人，别人也永远尊敬他。

你看，短短几句话里出现了很多个"者"，这是我们已经很熟悉的用法，意为“……的人”。

这段话的最后一句是：“爱人者，人恒爱之；敬人者，人恒敬之。”在孟子看来，爱不是单向的，他看重的是爱和被爱的相互作用。古人这么说，你可能觉得有点抽象，爱和被爱到底什么关系，它们是怎么相互作用的？我想以日本绘本作家佐野洋子创作的《活了一百万次的猫》为例，跟你聊聊这个话题。

从前有一只猫，是一只漂亮的虎斑猫。它死了一百万次，也复活了一百万次。在它生命的轮回里，它做过国王的猫、水手的猫、魔术师的猫、小偷的猫、老奶奶的猫和小女孩的猫……它换了数不清的主人，而每一个主人都很爱它，它死去的时候，主人都会为它流泪。但猫从来没有爱过他们。它无聊地死了一次又一次，复活一次又一次。

直到有一次，虎斑猫再次重生，却没有了主人，成了一只野猫。它遇到一只美丽的白猫，就待在了白猫的身边。白猫生了很多可爱的小猫。虎斑猫突然觉得自己很喜欢白猫和小猫，甚至胜过喜欢自己。有一天，白猫躺在虎斑猫的怀里一动不动，虎斑猫大哭起来，哭了一百万次。当哭声停止的时候，它也终于不动了，再也不用重生。

人人都希望自己被爱，但这个故事说的是主动爱别人的价值。不爱别人的时候，虎斑猫重生了一次又一次，但那又有什么用？直到它爱上了白猫，它的生命才有了意义。

“爱人者，人恒爱之；敬人者，人恒敬之。”

我们从鲁国的国君爱一只海鸟，讲到父母和子女之间的爱。我也带着你思考了爱与被爱的关系。父母和子女之间的血缘之爱，只是爱的起点。从这里出发，你在未来还会遇到更多的人、更多的事物。你在家庭里学习和感受到的爱会像涟漪一样荡开，扩散到更大的范围。

美国心理学家弗洛姆写过一本著名的书，叫作《爱的艺术》。他说，爱是一个人跟整个世界的关系，而不是一个人跟另一个特定的人的关系。爱并不局限于个人的小家庭，而是一个范围很广的概念。愿你也能怀揣着满满的爱意，去爱更多的人，在双向奔赴的爱中得到温暖。

古汉语常用语法

特殊句式：判断句

• 君子所以异于人**者**，以其存心**也**。

举一反三

南冥者，天池也。（《庄子·逍遥游》）

望之蔚然而深秀者，琅琊也。（《醉翁亭记》）

文学常识

太牢

古代帝王、诸侯祭祀社稷时，牛、羊、猪三牲全备为太牢。如果没有牛，就叫少牢。

学以致用

你是怎么理解爱的呢？你得到过哪些人的爱呢？你认为什么才是真正的爱？